Contents

Les animaux familiers (pets)

Trouver les mots: (Find the words:)

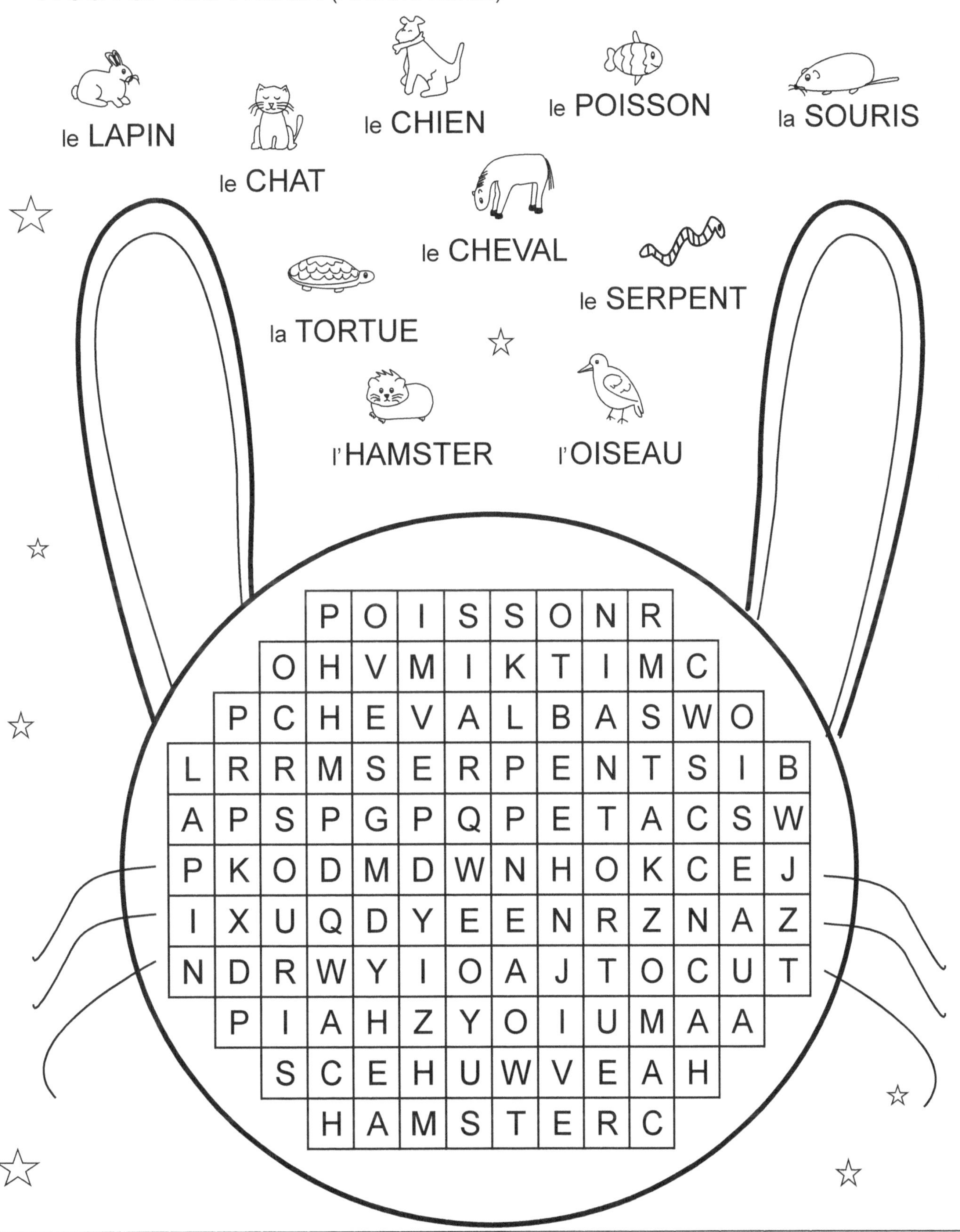

In French there are four different ways of saying our word **the** : le, l', la, les.
These words do not appear in the word searches.

Mon anniversaire (my birthday)

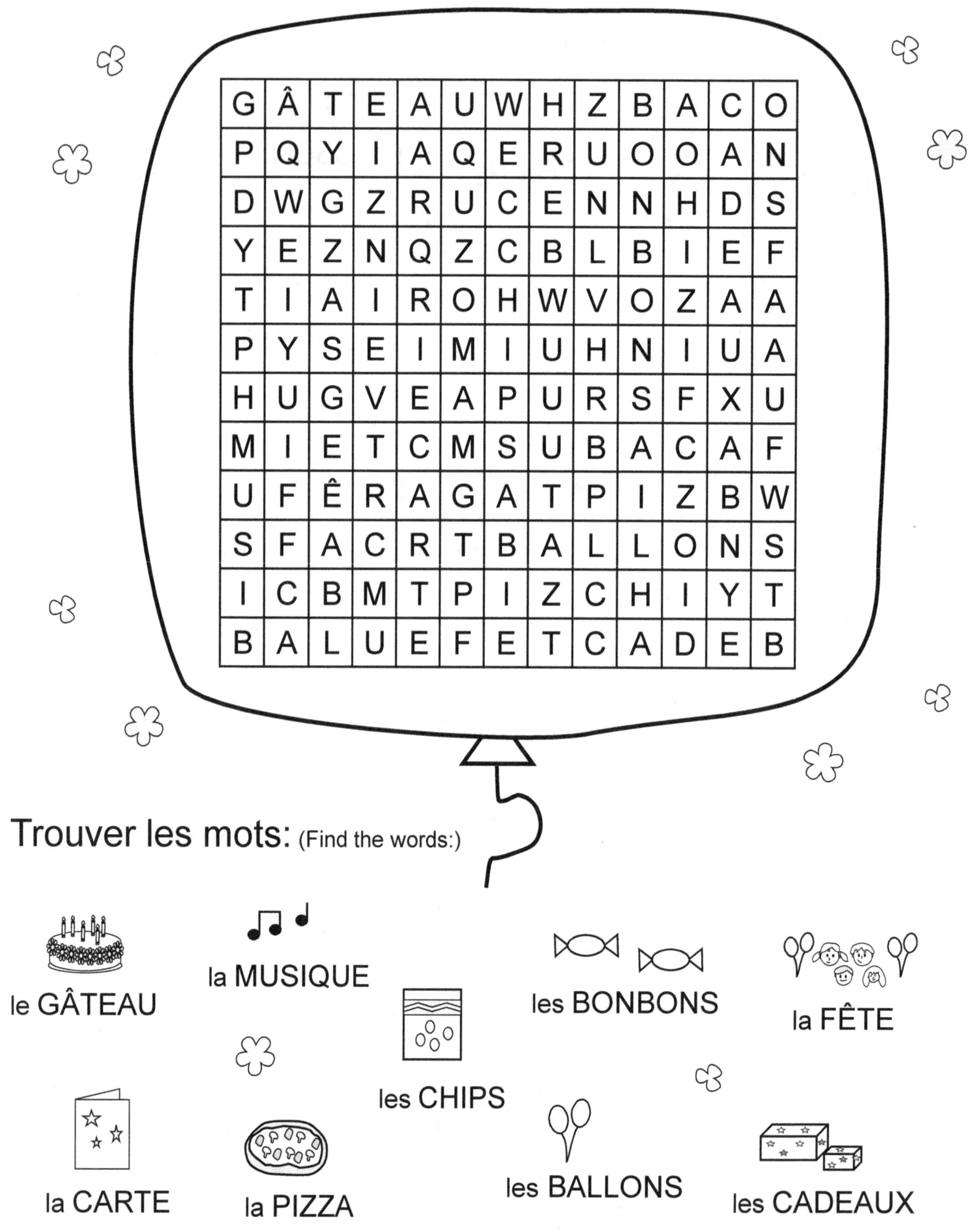

Trouver les mots: (Find the words:)

le GÂTEAU

la MUSIQUE

les CHIPS

les BONBONS

la FÊTE

la CARTE

la PIZZA

les BALLONS

les CADEAUX

In French there are four different ways of saying our word **the** : le, l', la, les.
These words do not appear in the word searches.

Les boissons (drinks)

Trouver les mots: (Find the words:)

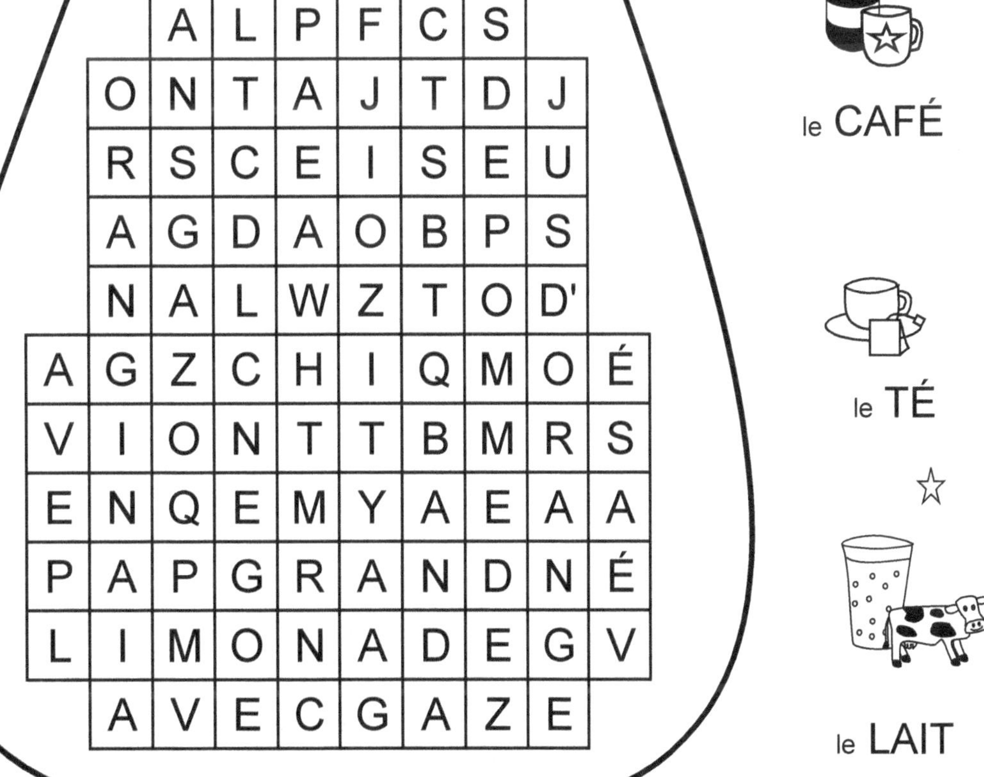

In French there are four different ways of saying our word **the** : le, l', la, les.
These words do not appear in the word searches.

Les cadeaux (presents)

Trouver les mots: (Find the words:)

 le CADEAU

 le LIVRE

le PARFUM

 le NOUNOURS

la CRAVATE

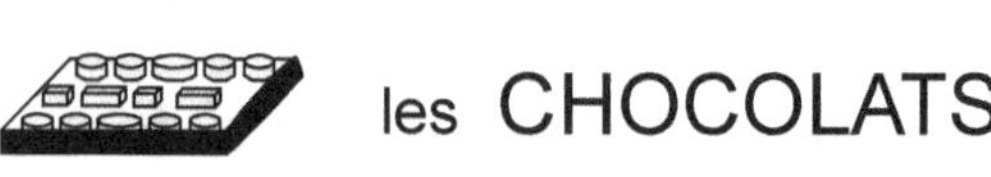 l'ÉCHARPE

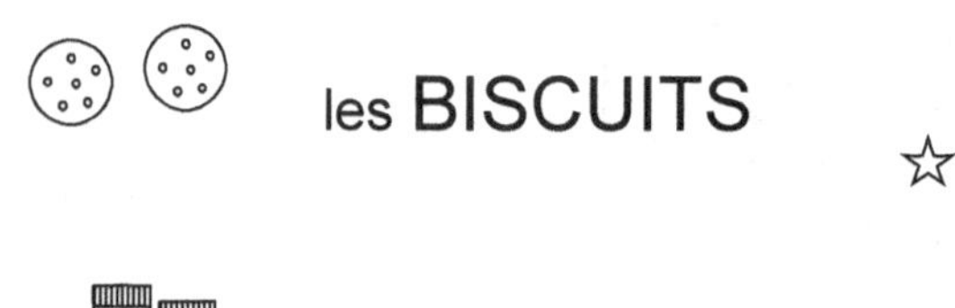 les GANTS

les CHOCOLATS

 les BISCUITS

les CHAUSSETTES

C	A	D	E	A	U	N	E
M	A	W	G	E	H	T	P
S	C	O	R	N	A	P	A
K	W	V	Z	V	C	R	R
W	I	R	A	W	H	P	F
L	C	R	N	J	A	K	U
Z	C	B	B	Z	U	X	M
E	N	C	E	M	S	D	A
B	C	H	H	O	S	P	A
I	A	O	R	G	E	X	U
S	R	C	G	B	T	B	L
C	M	O	D	Q	T	Y	F
U	A	L	R	E	E	W	K
I	Z	A	W	T	S	H	D
T	Y	T	G	A	N	T	S
S	R	S	F	Y	F	E	H
T	É	C	H	A	R	P	E
A	T	T	M	J	B	Z	G
N	O	U	N	O	U	R	S

In French there are four different ways of saying our word **the** : le, l', la, les.
These words do not appear in the word searches.

Le camping (camping)

E	A	U								
V	C	A	W	A						
C	A	M	P	I	N	G				
F	V	G	J	L	W	G	D	M	I	Z
D	R	I	V	I	È	R	E	P	I	S	C	E	D	T
U	K	R	J	E	R	S	Y	M	T	D	N	G	S	O
S	E	V	M	I	T	W	Q	J	E	I	W	E	W	I
C	M	R	G	U	E	F	N	Z	C	W	H	M	H	L
I	E	C	W	P	N	A	R	S	V	C	M	R	X	E
F	B	I	X	C	T	W	I	R	U	F	Y	A	E	T
A	P	O	Y	G	E	P	T	D	C	B	N	M	X	T
C	A	R	A	V	A	N	E	R	A	V	P	I	S	E
R	I	S	U	P	E	R	M	A	R	C	H	É	W	S

Trouver les mots: (Find the words:)

le CAMPING

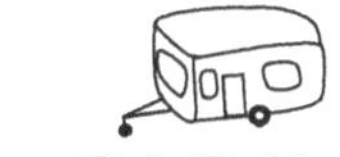   

la CARAVANE

la PISCINE

les DUCHES

les TOILETTES

la TENTE

  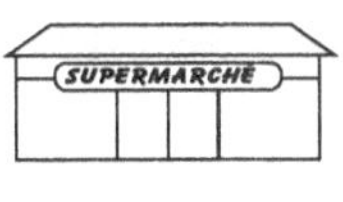

le SUPERMARCHÉ

l' EAU

la RIVIÈRE

la FERME

In French there are four different ways of saying our word **the** : le, l', la, les.
These words do not appear in the word searches.

Le corps (the body)

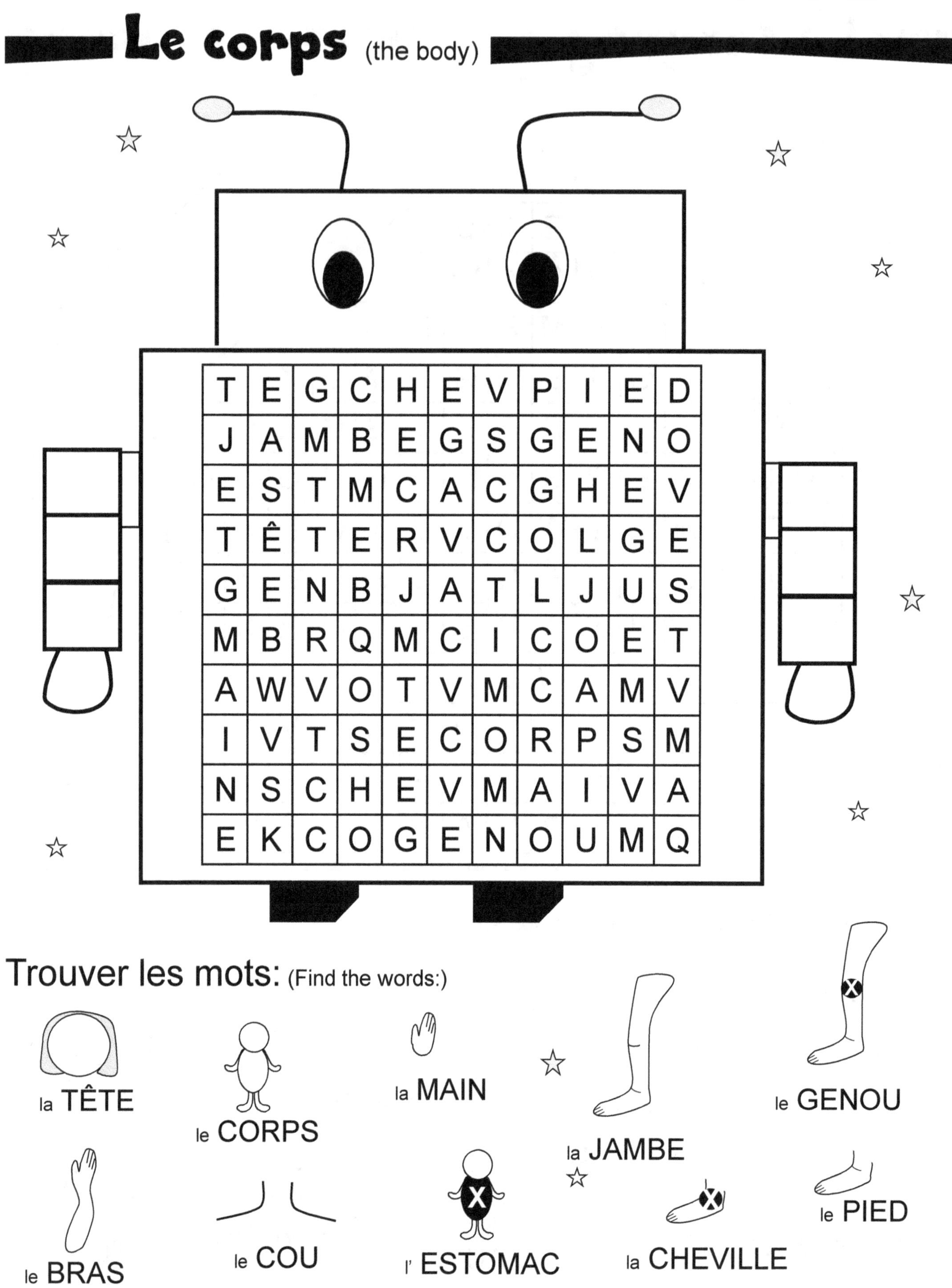

Trouver les mots: (Find the words:)

In French there are four different ways of saying our word **the** : le, l', la, les.
These words do not appear in the word searches.

Les couleurs (colours)

Trouver les mots: (Find the words:)

VERT

JAUNE

ROUGE

NOIR

VIOLET

ROSE

GRIS

ORANGE

MARRON

BLEU

BLANC

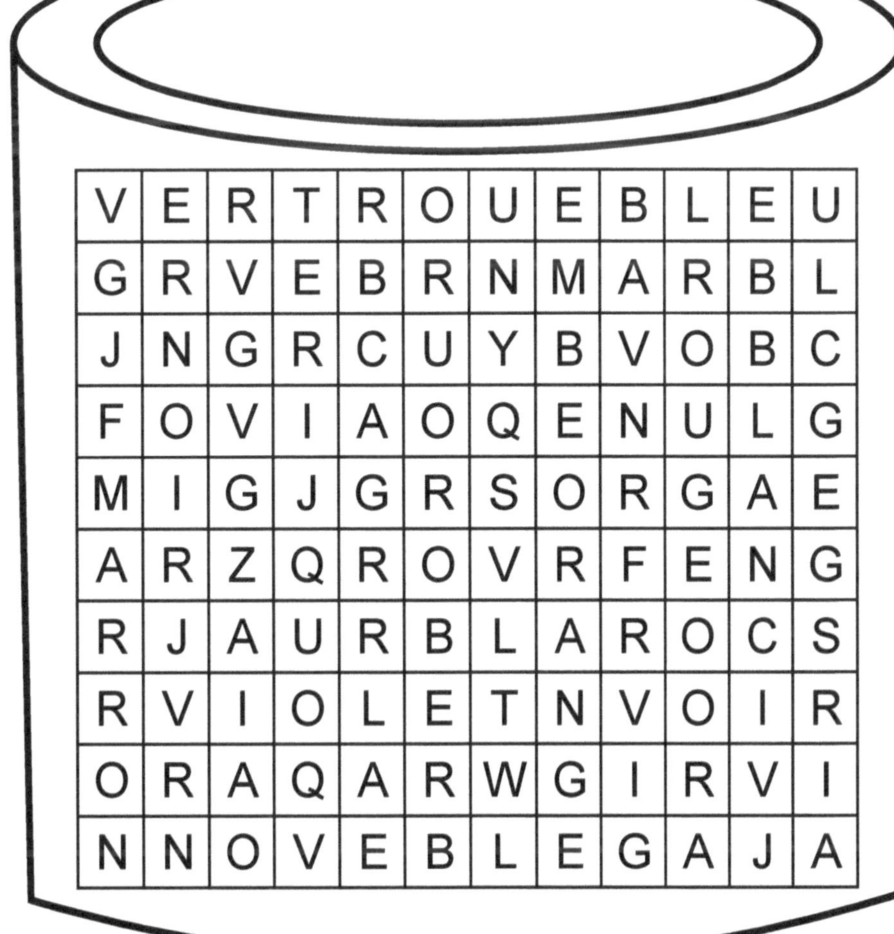

In French there are four different ways of saying our word **the** : le, l', la, les.
These words do not appear in the word searches.

Les crêpes et les galettes (pancakes)

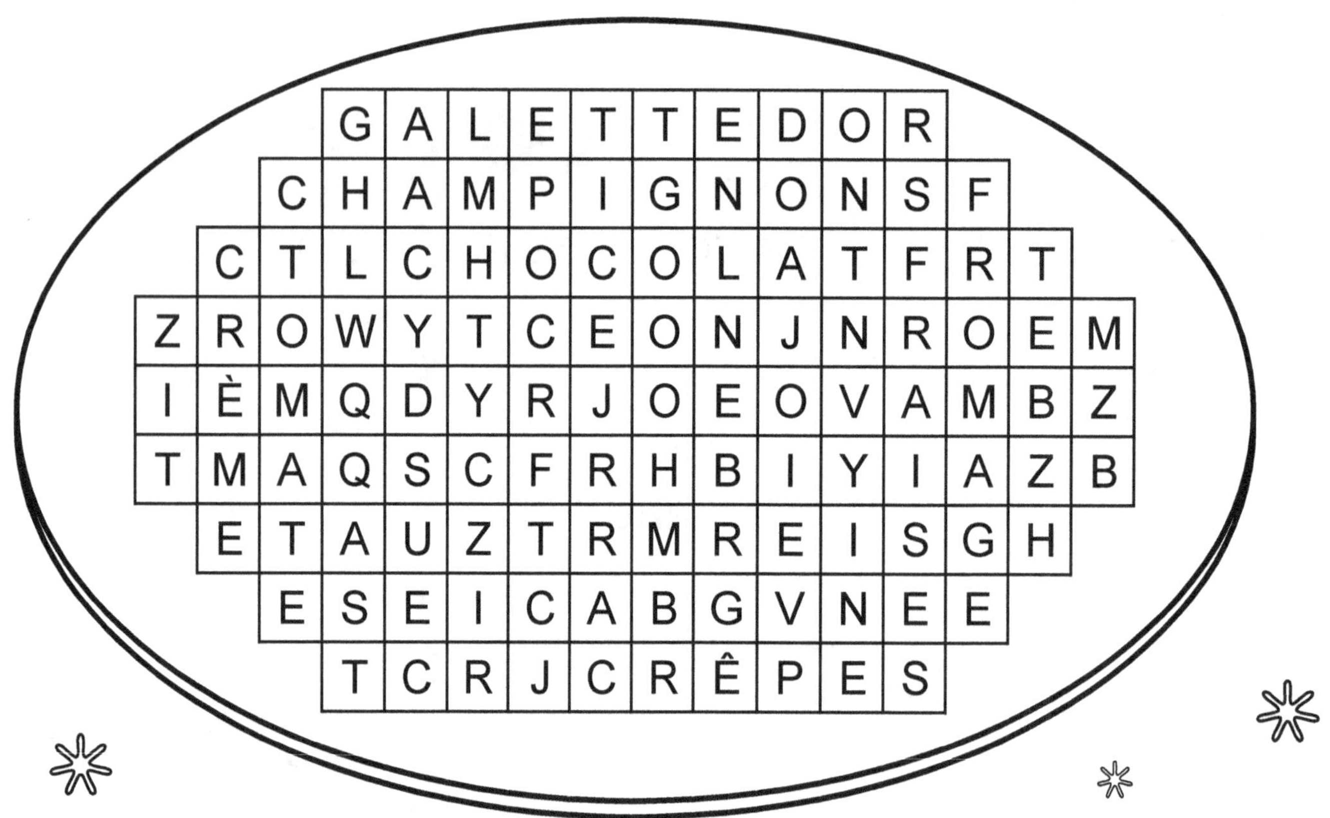

Trouver les mots: (Find the words:)

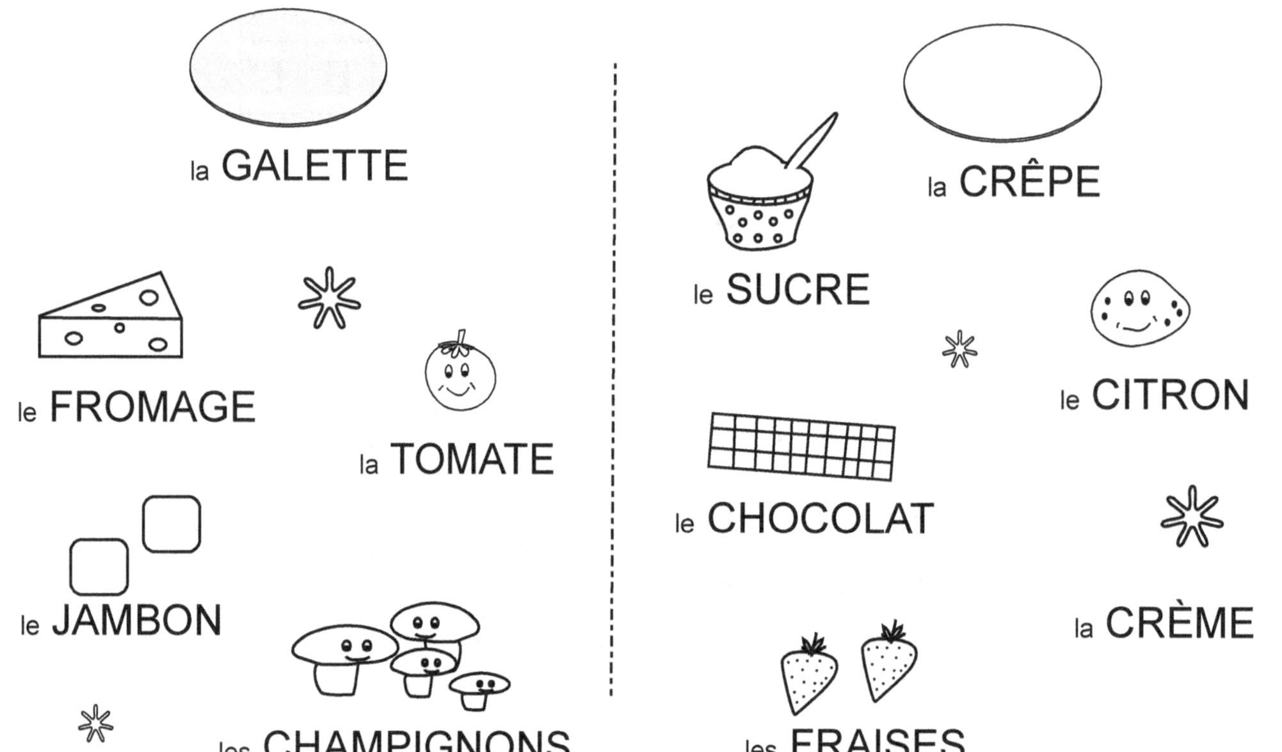

Les desserts (desserts)

F	M	O	U	B	E	C	H	O	S	G	A	T	B	G	L	B	Y
R	O	B	I	C	G	S	L	N	T	Y	Q	P	S	Â	L	Y	A
O	U	G	A	C	E	B	O	S	A	L	B	I	S	T	F	R	O
M	S	L	L	S	T	B	M	O	U	P	O	M	F	E	R	A	U
A	G	F	I	A	N	B	I	S	C	U	I	T	S	A	C	G	R
G	C	A	R	O	M	O	U	B	I	S	C	H	O	U	H	L	T
E	R	R	B	S	A	L	A	D	E	D	E	F	R	U	I	T	S
F	H	T	A	R	T	E	A	U	X	P	O	M	M	E	S	F	R
M	O	U	S	S	E	A	U	C	H	O	C	O	L	A	T	B	M

Trouver les mots: (Find the words:)

 la TARTE AUX POMMES

 la SALADE DE FRUITS

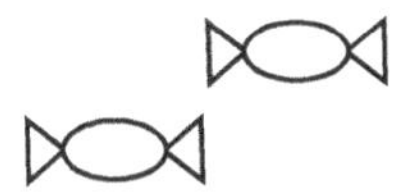 les BONBONS

 le GÂTEAU

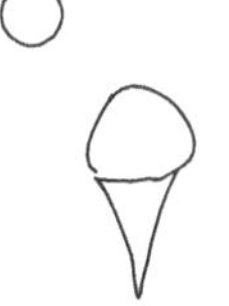 la GLACE

 le YAOURT

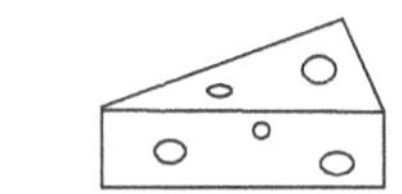 le FROMAGE

 la MOUSSE AU CHOCOLAT

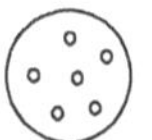 les BISCUITS

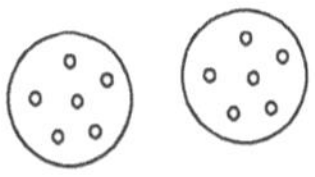

 les FRAISES

In French there are four different ways of saying our word "the" : le, l', la, les.
These words do not appear in the word searches.

La famille (the family)

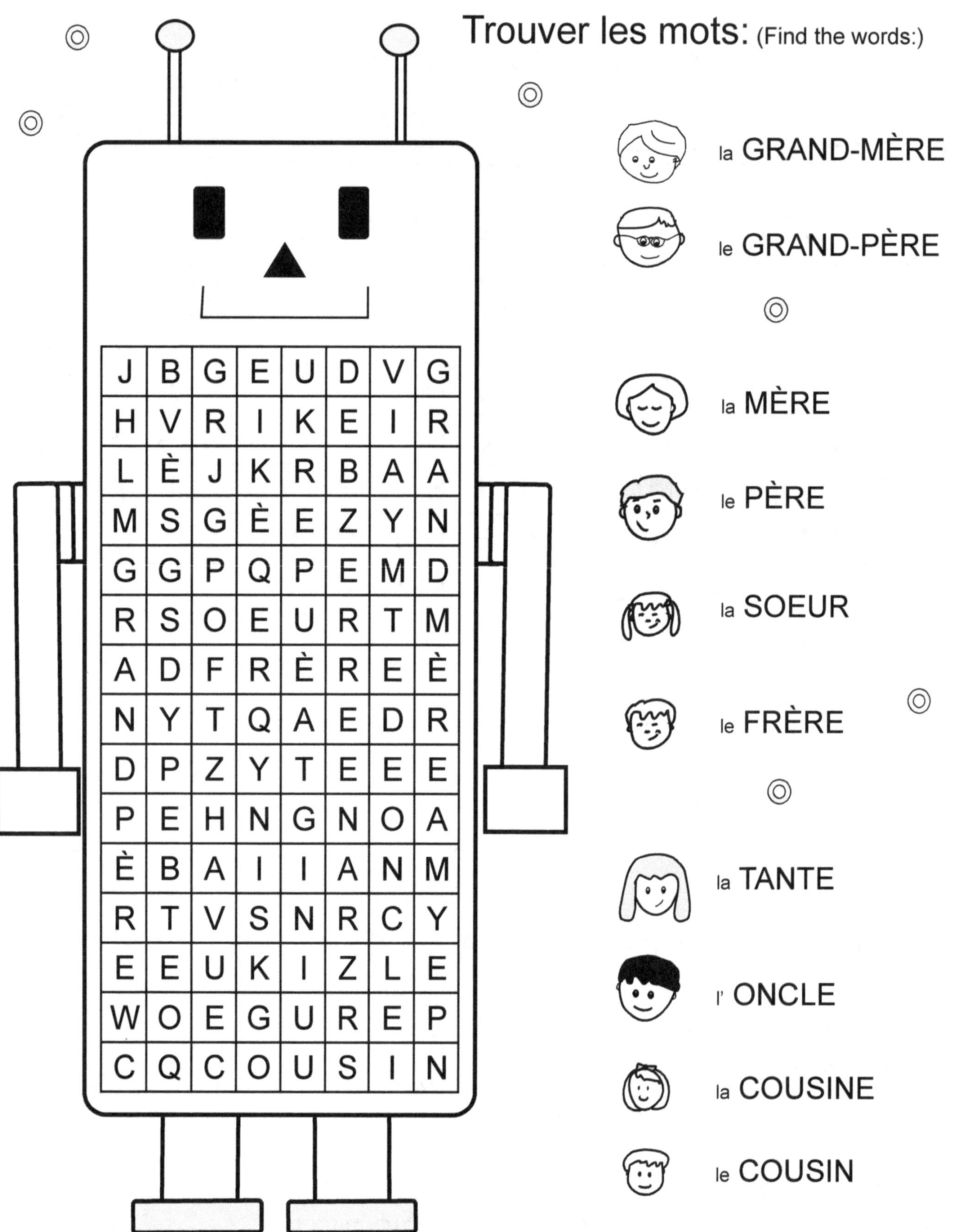

In French there are four different ways of saying our word "the" : le, l', la, les.
These words do not appear in the word searches.

La ferme (the farm)

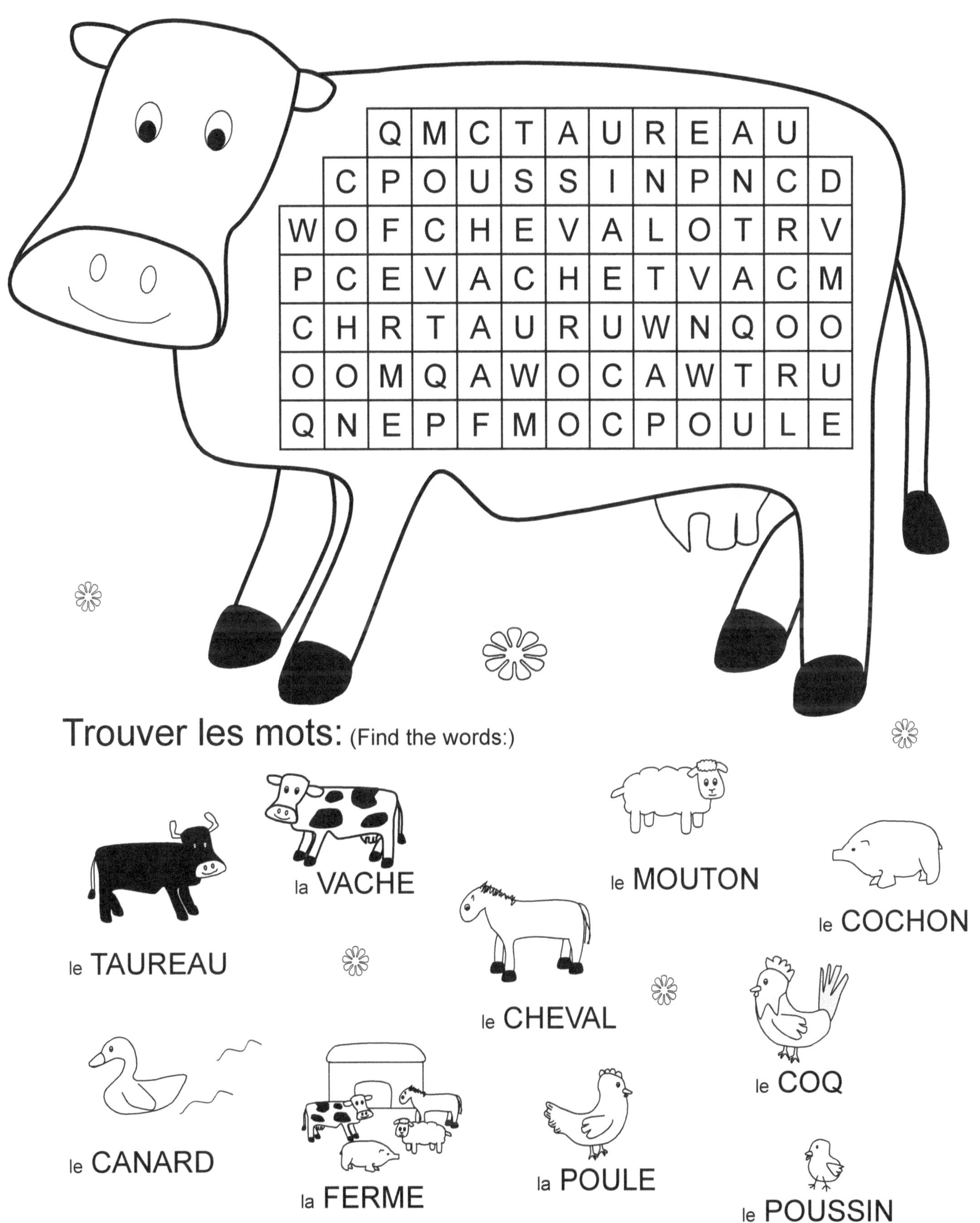

Trouver les mots: (Find the words:)

In French there are four different ways of saying our word "the" : le, l', la, les.
These words do not appear in the word searches.

Les fruits (the fruit)

Trouver les mots: (Find the words:)

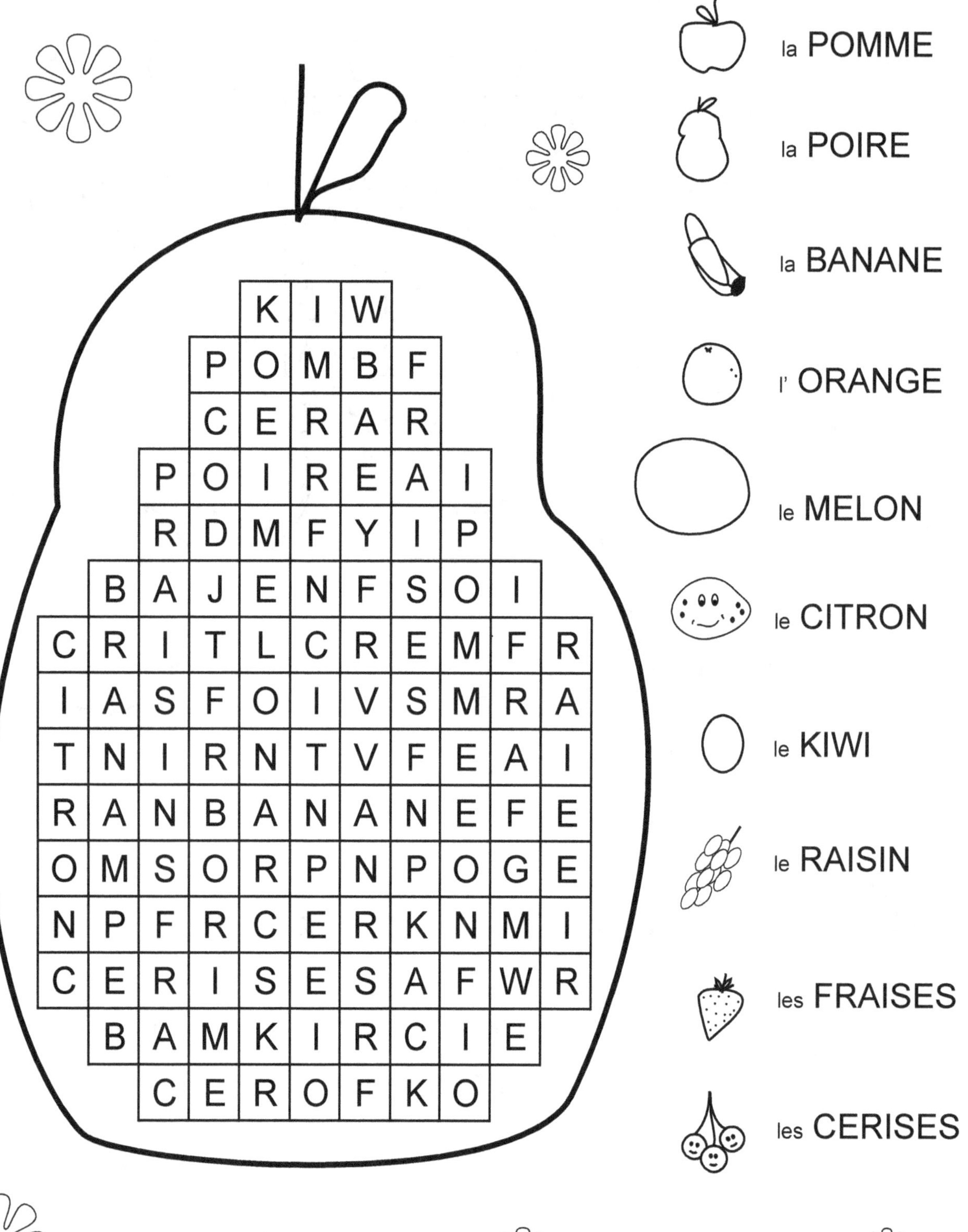

la POMME

la POIRE

la BANANE

l' ORANGE

le MELON

le CITRON

le KIWI

le RAISIN

les FRAISES

les CERISES

In French there are four different ways of saying our word "the" : le, l', la, les.
These words do not appear in the word searches.

Les glaces (ice creams)

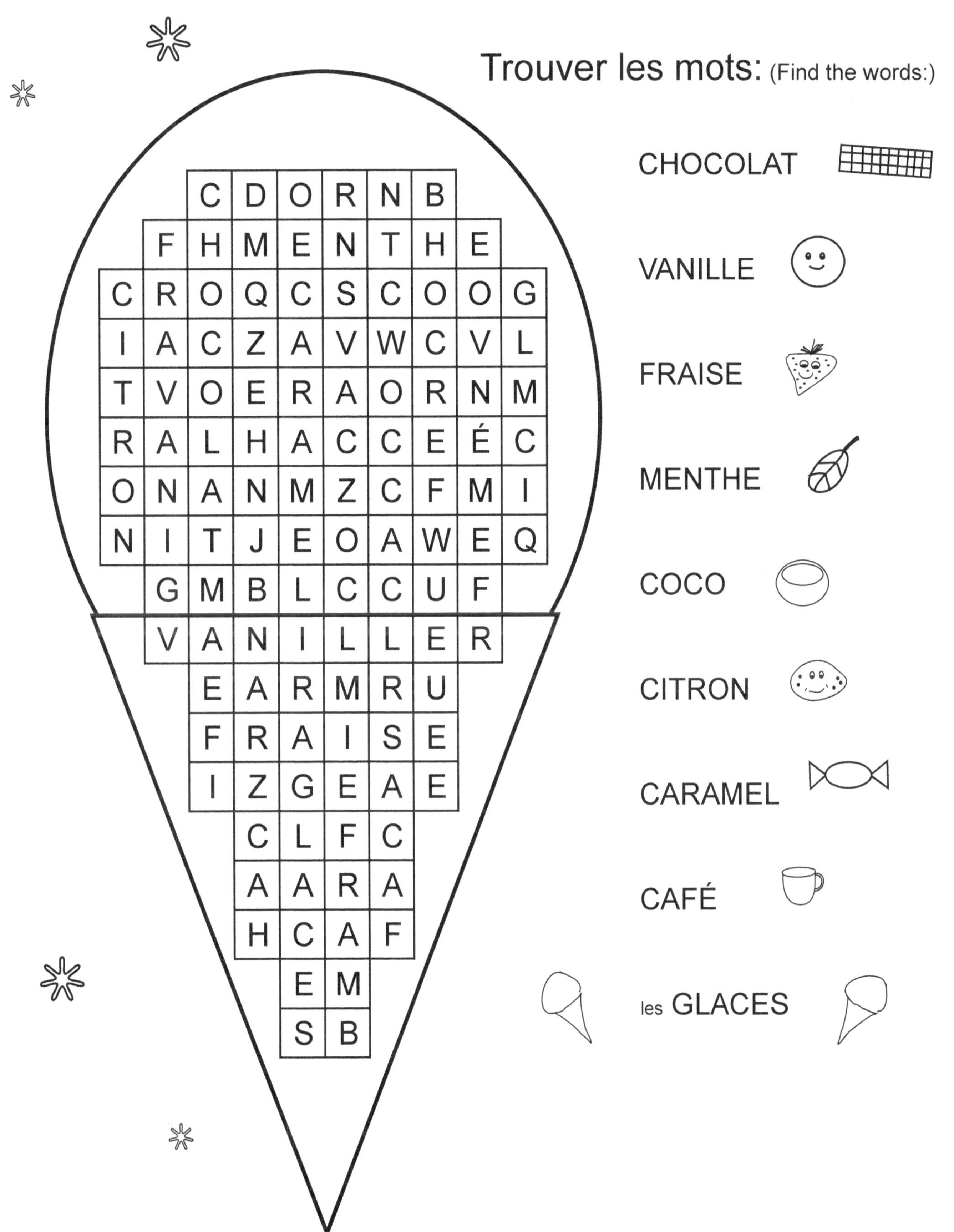

In French there are four different ways of saying our word "the" : le, l', la, les.
These words do not appear in the word searches.

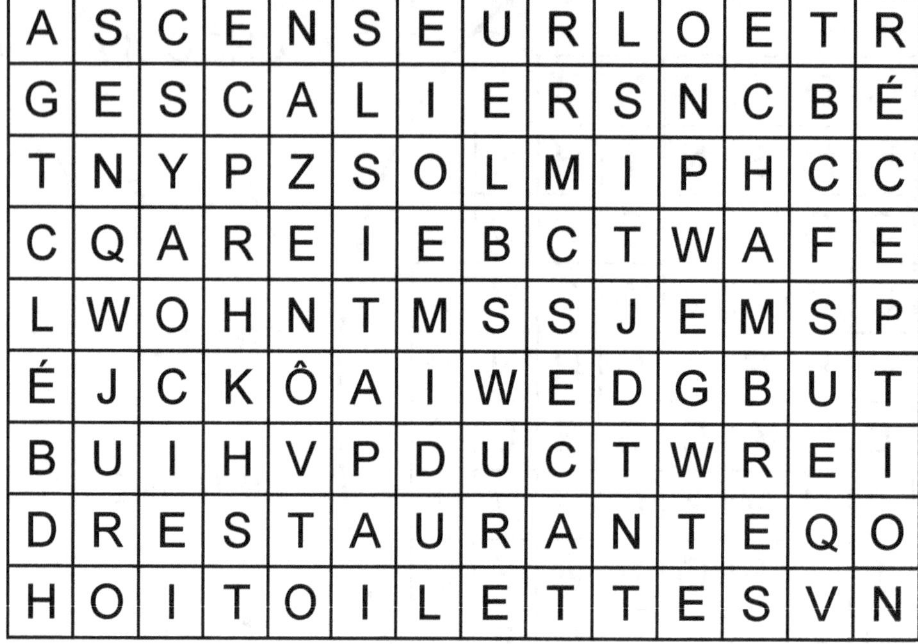

Trouver les mots: (Find the words:)

l' HÔTEL

la CHAMBRE

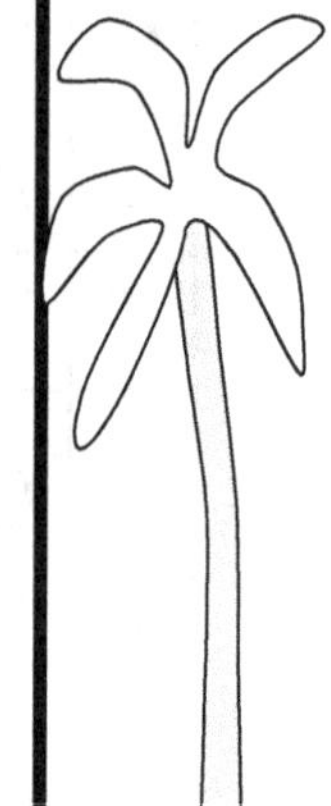
les DUCHES

la RÉCEPTION

la CLÉ

le RESTAURANT

les TOILETTES

l' ASCENSEUR

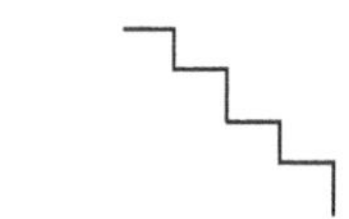
les ESCALIERS

la PISCINE

In French there are four different ways of saying our word "the" : le, l', la, les.
These words do not appear in the word searches.

Le jardin (the garden)

Trouver les mots:
(Find the words:)

le SOLEIL

les NUAGES

le PAPILLON

le BALLON

l' ARBRE

les FLEURS

l' OISEAU

les LÉGUMES

les FRUITS

In French there are four different ways of saying our word "the" : le, l', la, les.
These words do not appear in the word searches.

Les jouets (toys)

In French there are four different ways of saying our word "the" : le, l', la, les.
These words do not appear in the word searches.

16

Les jours de la semaine (days of the week)

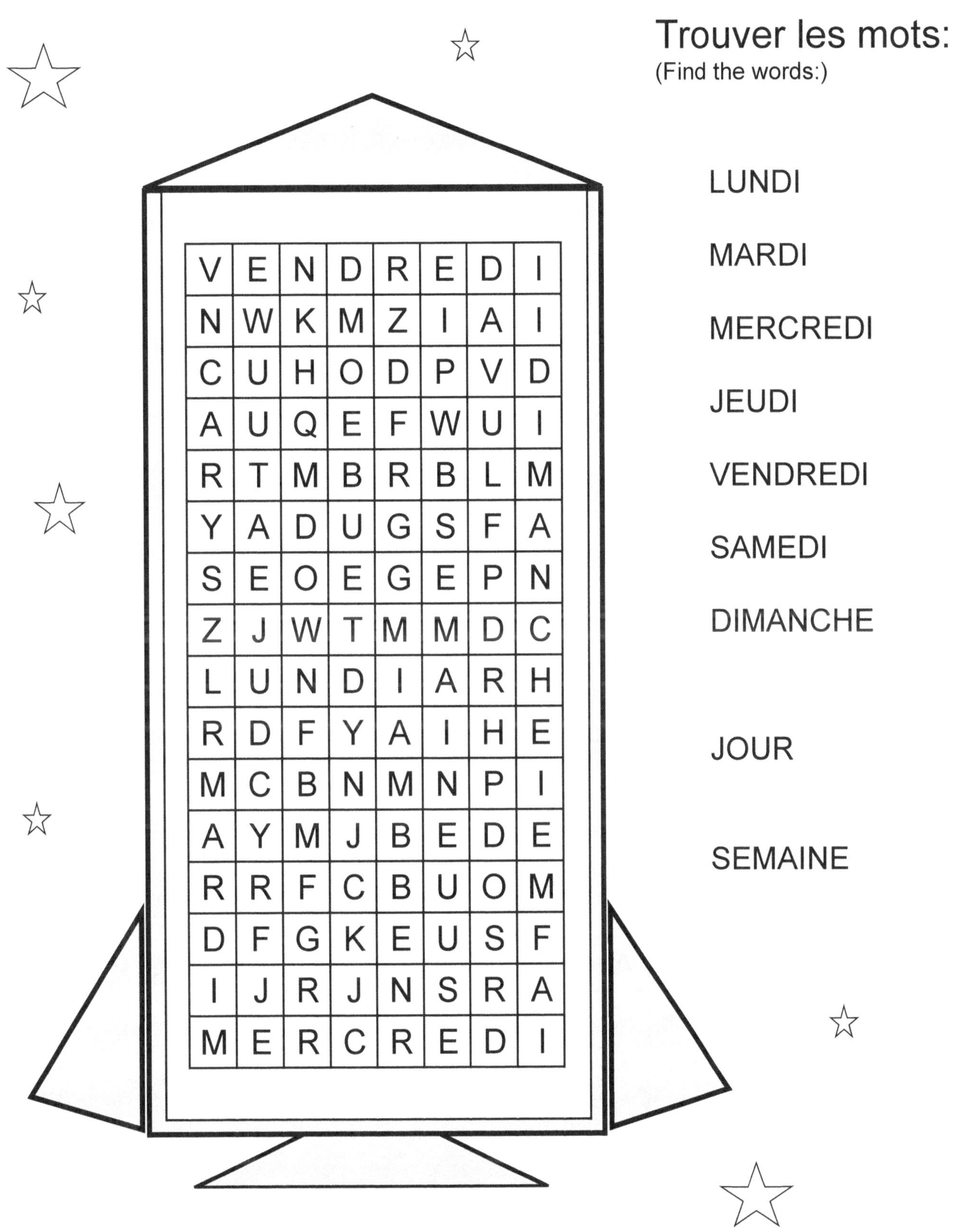

In French there are four different ways of saying our word "the" : le, l', la, les.
These words do not appear in the word searches.

17

Les légumes (vegetables)

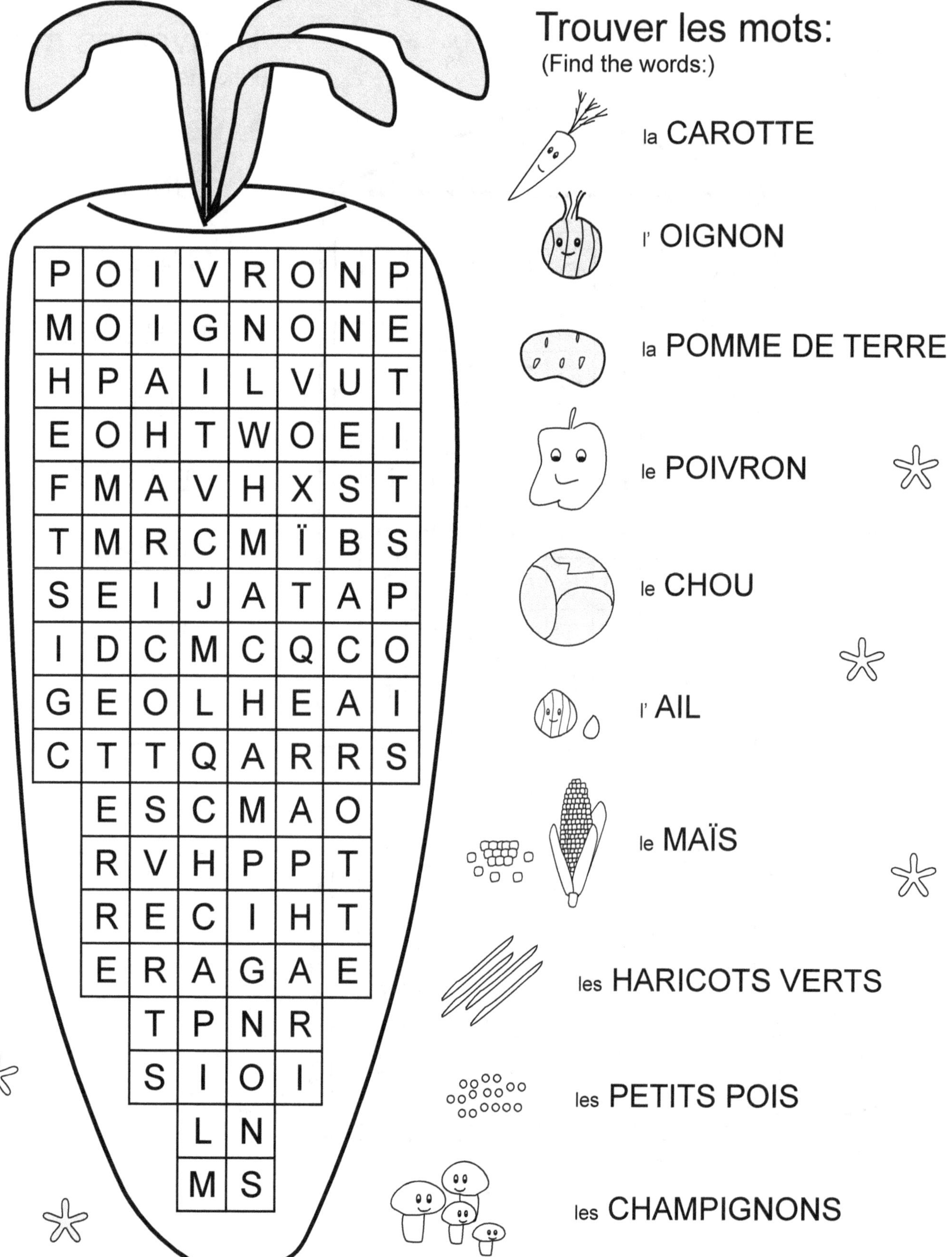

Trouver les mots:
(Find the words:)

la CAROTTE

l' OIGNON

la POMME DE TERRE

le POIVRON

le CHOU

l' AIL

le MAÏS

les HARICOTS VERTS

les PETITS POIS

les CHAMPIGNONS

In French there are four different ways of saying our word "the" : le, l', la, les.
These words do not appear in the word searches.

La maison (the house)

```
S A L L E D E B A I N S A J P C
B W Y E N V E N Y Q N G X A A H
G Y I O G N H N Z O C A A R I A
G W L D I E O T S R A R W D Z M
Q A D S A C N I D R H A F I A B
S X I Y L K A J B C Z G Z N E R
A U H A U M R H A F N E A W Z E
C X B R A P P A R T E M E N T S
B Z G S A L L E À M A N G E R U
```

Trouver les mots: (Find the words:)

la MAISON

la CUISINE

le SALON

la SALLE À MANGER

la CHAMBRE

la SALLE DE BAINS

le GARAGE

l' APPARTEMENT

le BALCON

le JARDIN

In French there are four different ways of saying our word "the" : le, l', la, les.
These words do not appear in the word searches.

Les matières (school subjects)

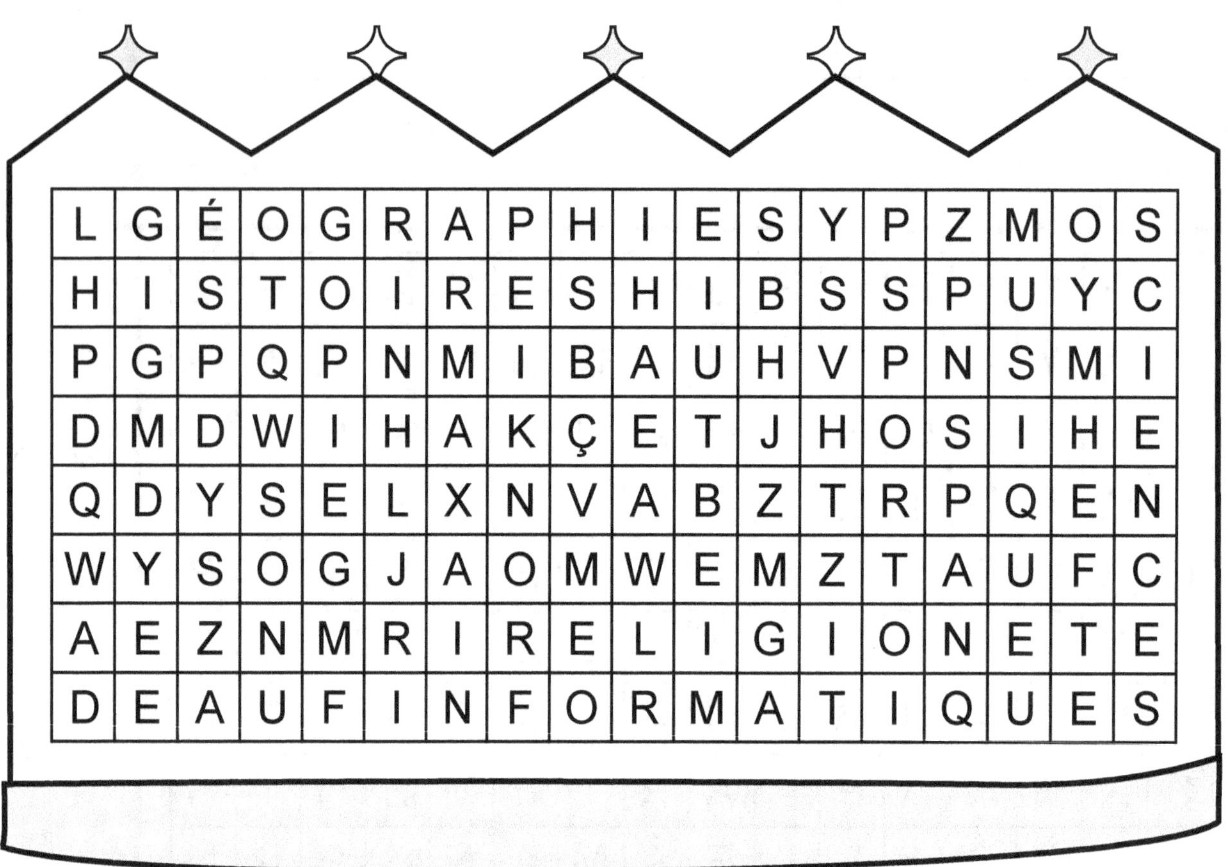

Trouver les mots: (Find the words:)

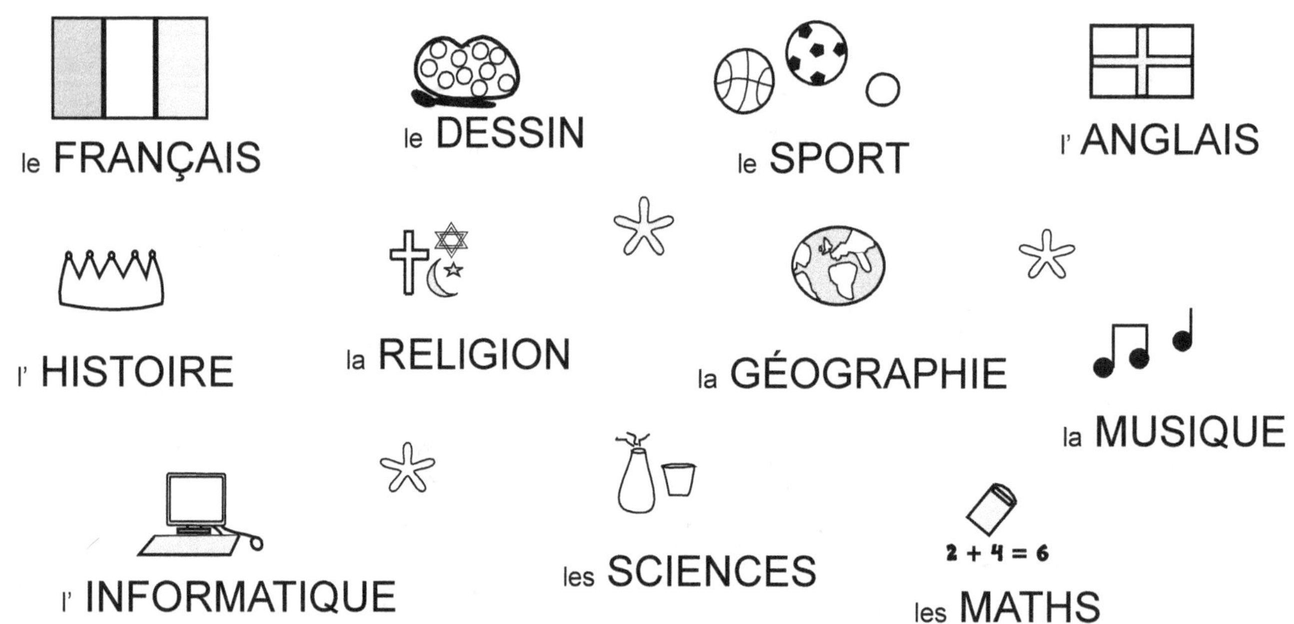

In French there are four different ways of saying our word "the" : le, l', la, les.
These words do not appear in the word searches.

Les mois de l'année (months of the year)

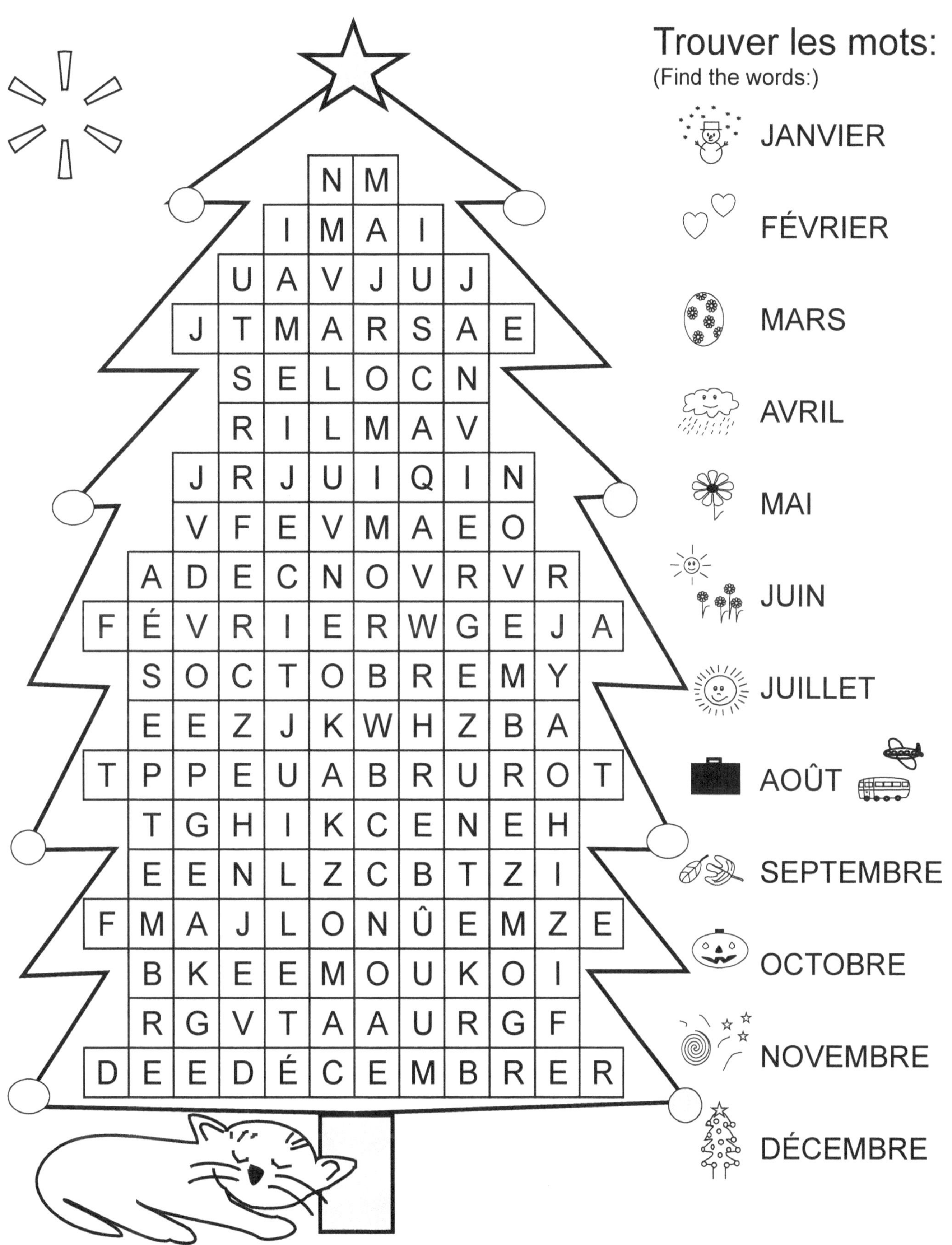

In French there are four different ways of saying our word "the" : le, l', la, les.
These words do not appear in the word searches.

La musique (music)

Trouver les mots: (Find the words:)

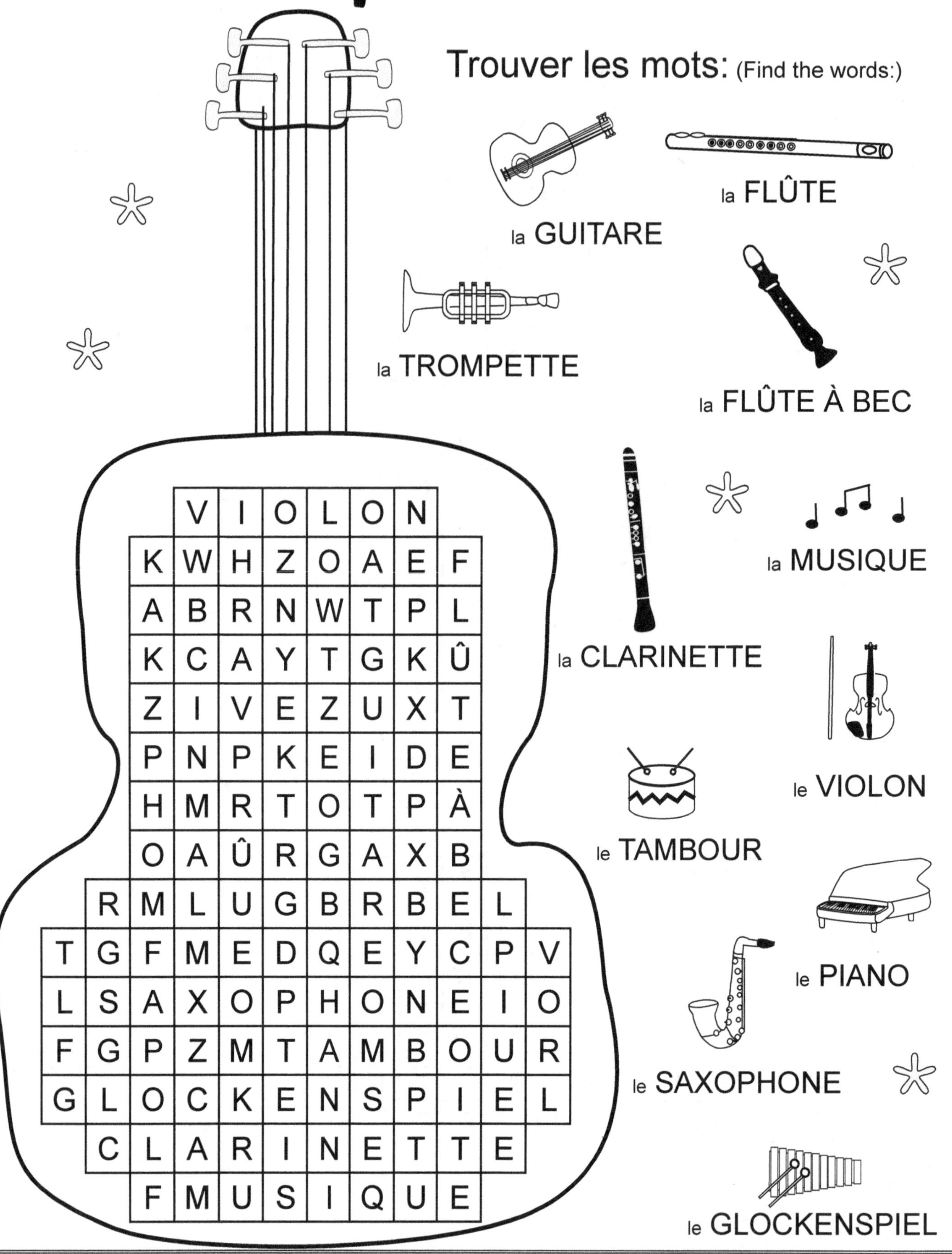

In French there are four different trays of saying our word "the" : le, l', la, les.
These words do not appear in the word searches.

Les numéros (numbers)

Q	D	I	X	Q	C	E	N	T	Q
S	K	U	N	Q	D	N	T	N	S
O	Q	S	H	T	E	C	I	C	I
I	U	E	U	R	U	C	Q	U	E
X	A	Q	I	S	X	F	Y	T	U
A	T	R	T	C	U	V	N	M	E
N	R	C	R	E	C	A	D	T	Q
T	E	I	N	D	R	V	N	R	U
E	V	Q	U	A	T	A	F	T	A
D	I	U	U	R	X	V	G	H	T
I	N	Q	O	I	Q	N	P	E	R
X	G	V	O	S	I	V	Q	U	E
C	T	S	R	V	S	E	P	T	V
I	D	T	Q	U	A	T	R	E	I
T	I	V	X	T	R	O	I	S	N
R	X	I	Q	U	Y	T	C	X	G
E	S	T	R	E	N	T	E	P	T
C	I	N	Q	U	A	N	T	E	S

Trouver les mots:
(Find the words:)

1 UN
2 DEUX
3 TROIS
4 QUATRE
5 CINQ
6 SIX
7 SEPT
8 HUIT
9 NEUF
10 DIX

20 VINGT
30 TRENTE
40 QUARANTE
50 CINQUANTE
60 SOIXANTE
70 SOIXANTE-DIX
80 QUATRE-VINGTS
90 QUATRE-VINGT-DIX
100 CENT

In French there are four different ways of saying our word **the** : le, l', la, les.
These words do not appear in the word searches.

Pâques (Easter)

```
O A G N E A U S A F D C K P F
F H Z L U I R Y N B A H G Â L
O E U F M U P I C T I O F Q E
I Y Q E T S J N C V C M U
A M L S S E I S A P O D E
A F W U D P O B R V L N S
L O C A C H P T C A L
P K L Q E F L E C T C
```

Trouver les mots: (Find the words:)

le LAPIN

le POUSSIN

les FLEURS

l' AGNEAU

le CHOCOLAT

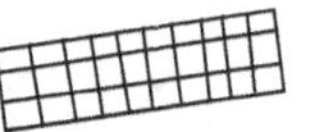

l' OEUF

la CARTE

PÂQUES

In French there are four different ways of saying our word **the** : le, l', la, les.
These words do not appear in the word searches.

Les passe-temps (hobbies)

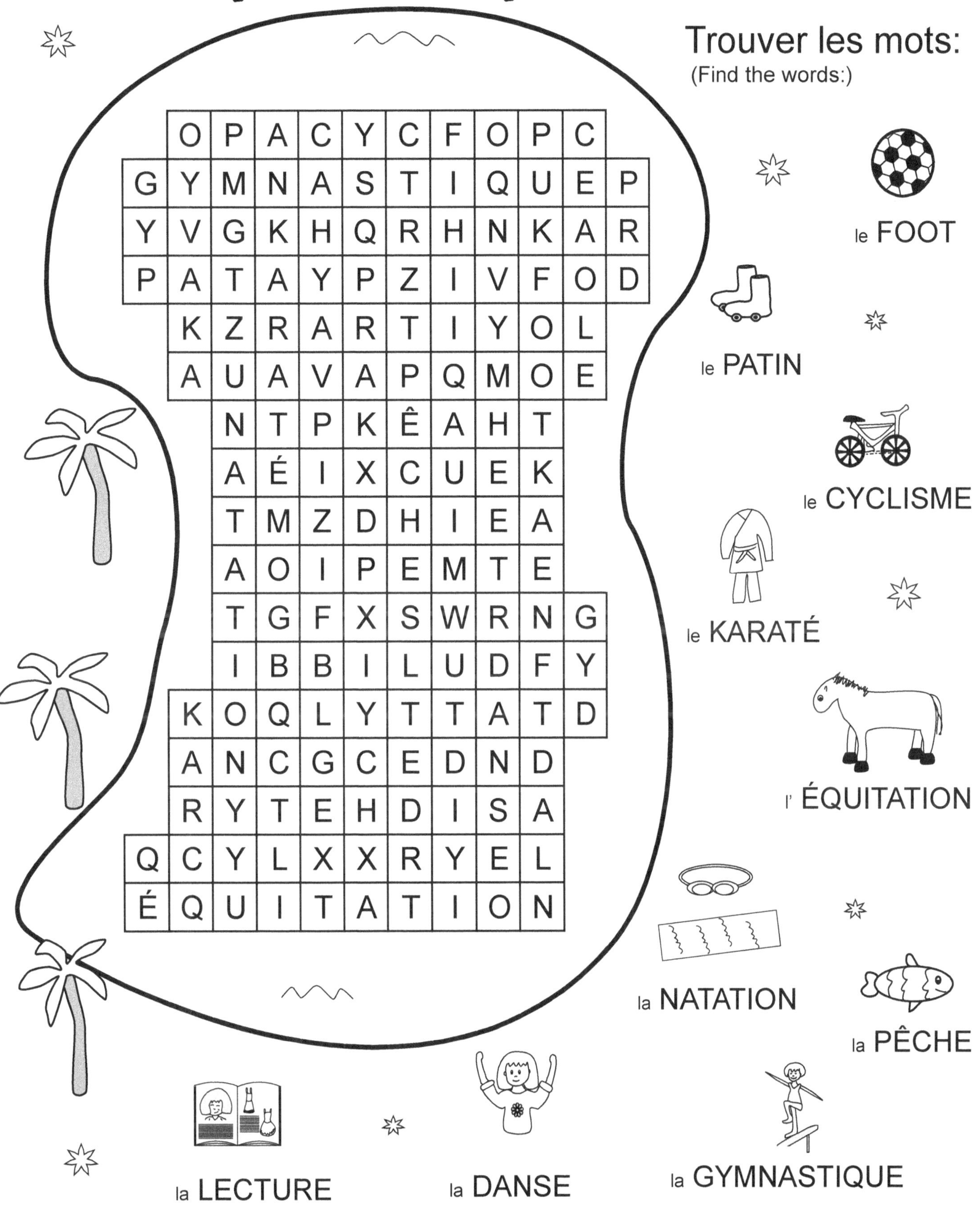

In French there are four different ways of saying our word **the** : le, l', la, les.
These words do not appear in the word searches.

Le petit déjeuner (breakfast)

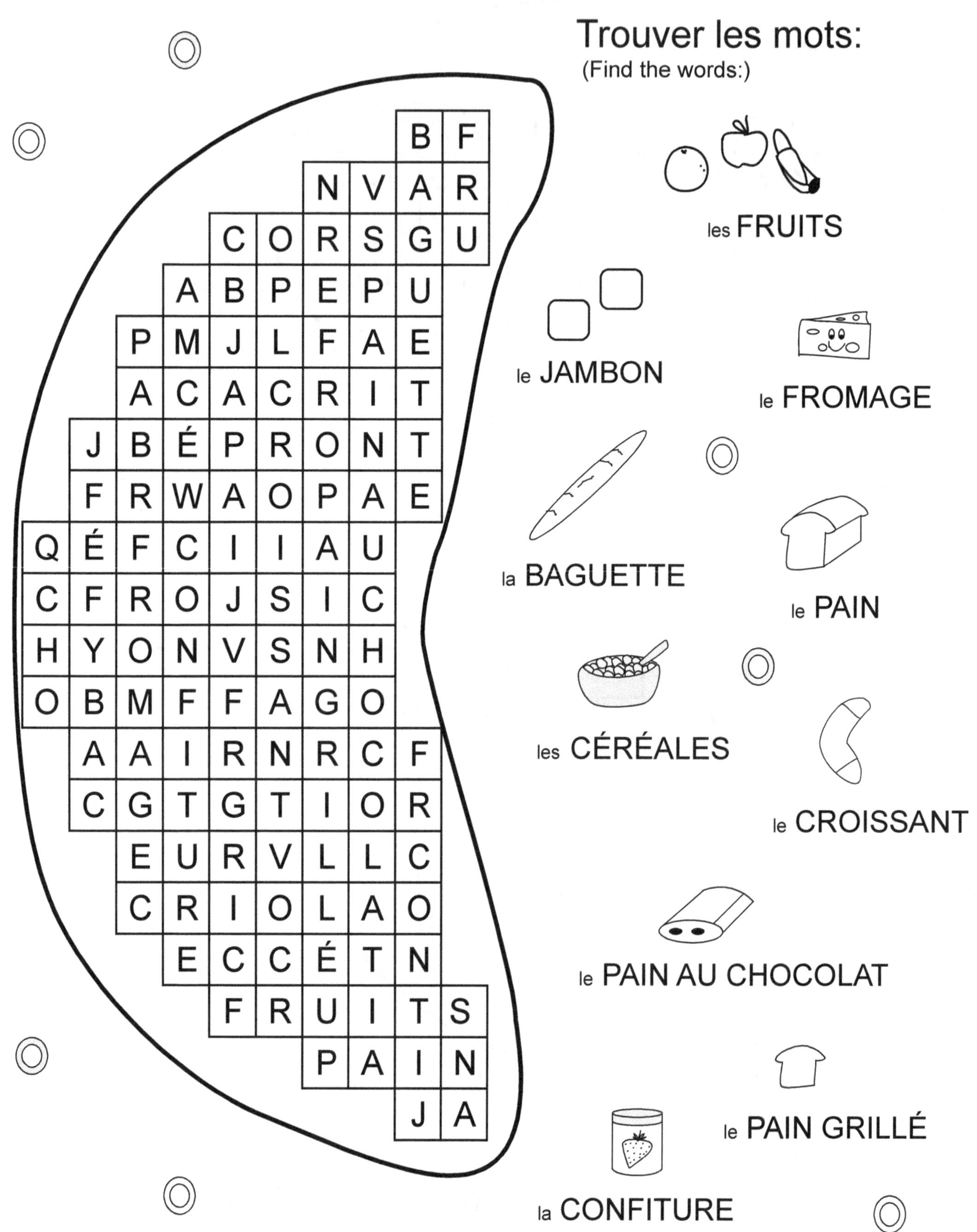

In French there are four different ways of saying our word **the** : le, l', la, les.
These words do not appear in the word searches.

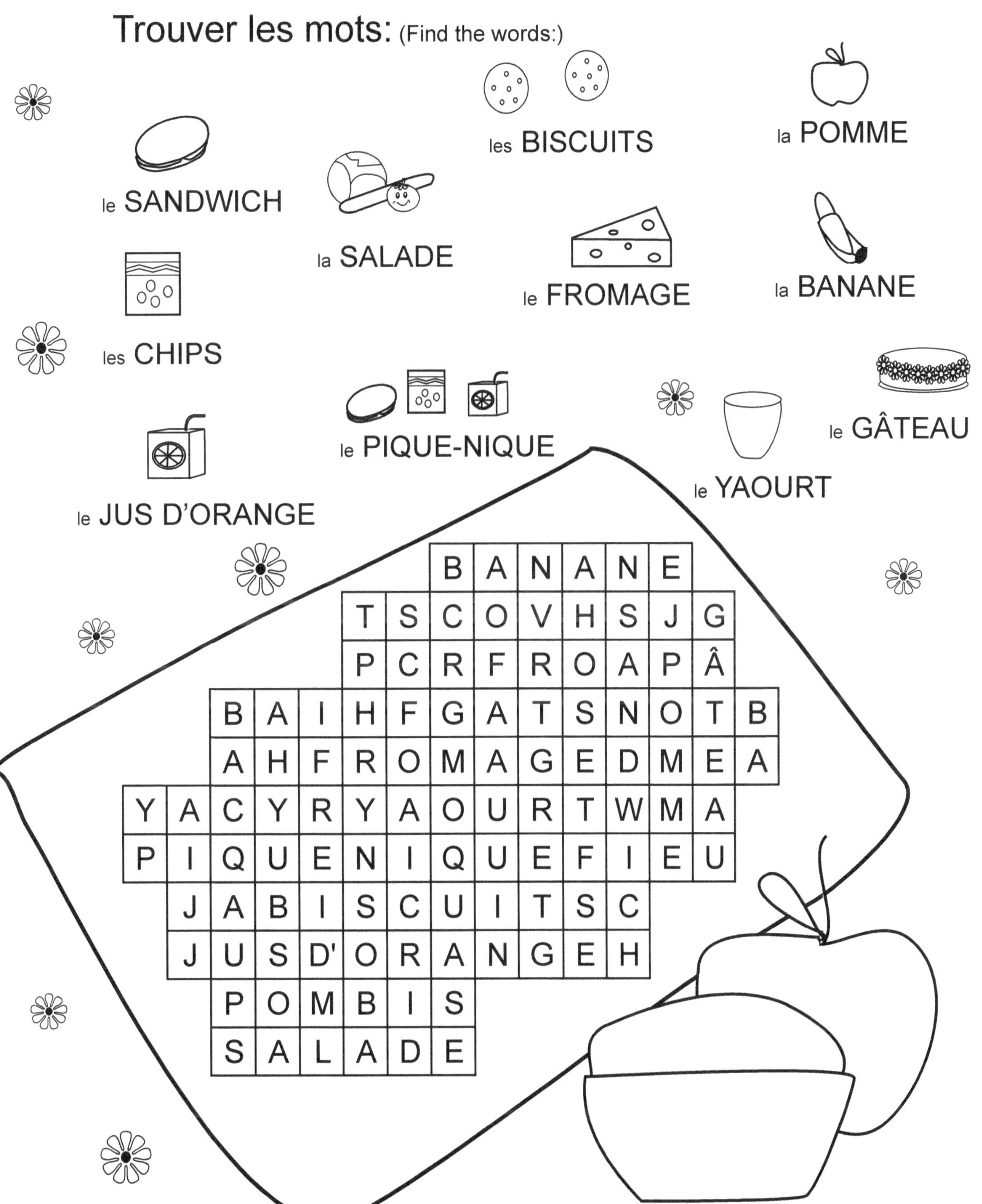

In French there are four different ways of saying our word **the** : le, l', la, les.
These words do not appear in the word searches.

La plage (the beach)

Trouver les mots: (Find the words:)

le SOLEIL

la GLACE

le SABLE

la MER

le BALLON

le DRAPEAU

le CHÂTEAU DE SABLE

le PARASOL

la PALMIÈRE

la PELLE

le SEAU

In French there are four different ways of saying our word **the** : le, l', la, les.
These words do not appear in the word searches.

Le restaurant (the restaurant)

Trouver les mots: (Find the words:)

le POISSON

la SOUPE

la VIANDE

l' AGNEAU

le PORC

le POULET

le FROMAGE

la SALADE

le BOEUF

les PÂTES

les POMMES FRITES

les LÉGUMES

le RIZ

In French there are four different ways of saying our word **the** : le, l', la, les.
These words do not appear in the word searches.

Les salutations (greetings)

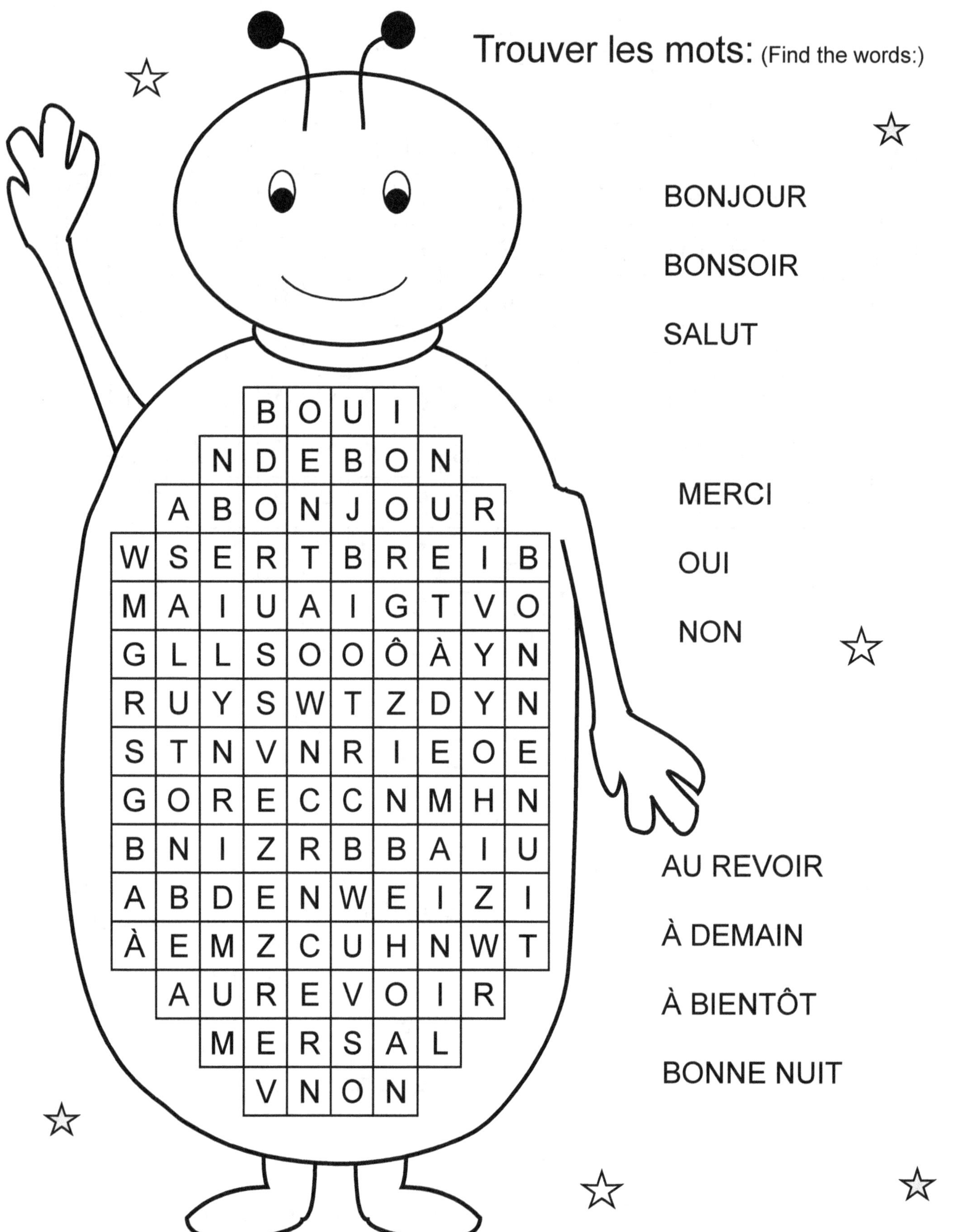

In French there are four different ways rof saying our word **the** : le, l', la, les.
These words do not appear in the word searches.

Les souvenirs (souvenirs)

Trouver les mots: (Find the words:)

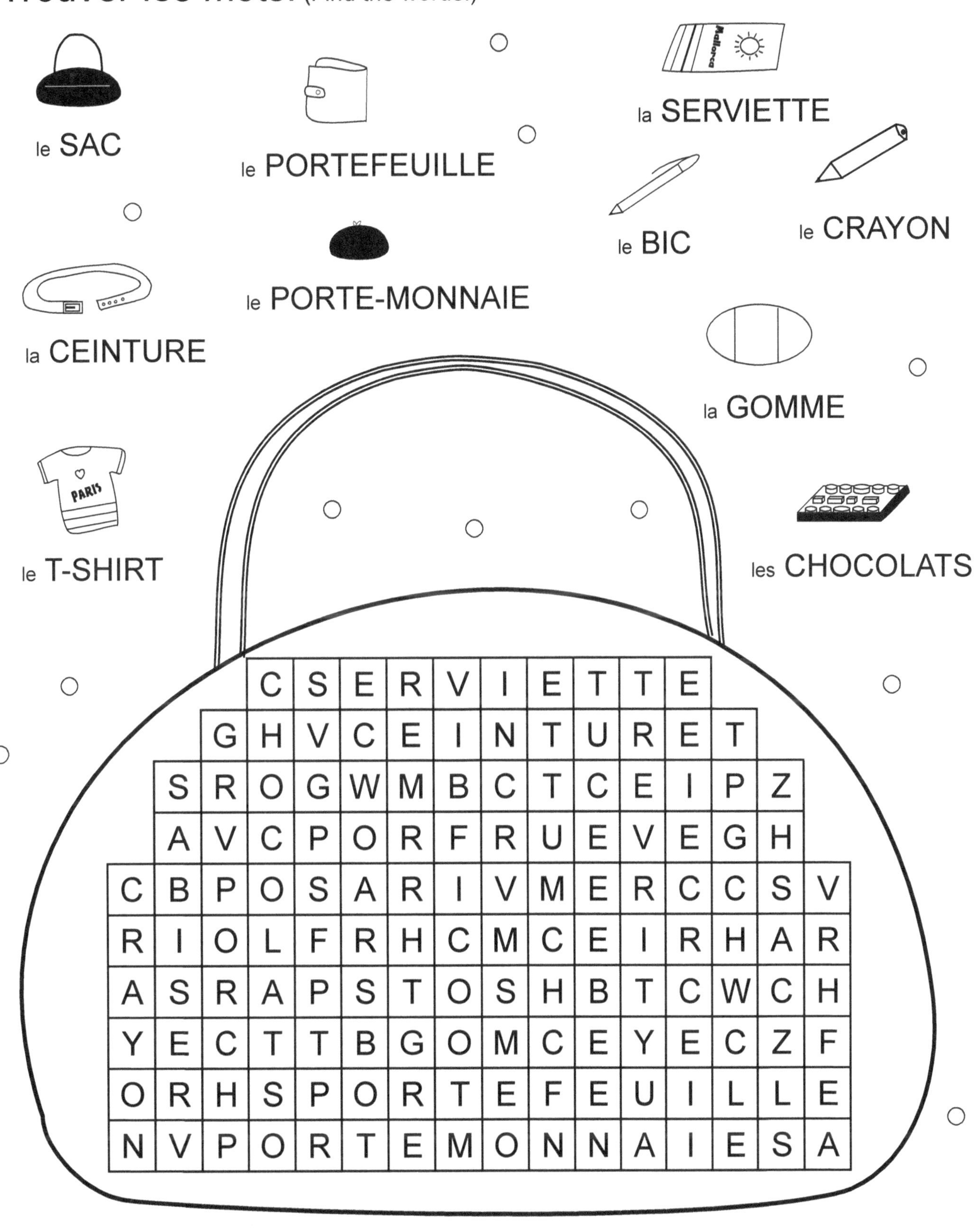

In French there are four different ways of saying our word **the** : le, l', la, les.
These words do not appear in the word searches.

Le sport (sport)

A	C	K	A	R	A	T	É				
C	B	A	D	M	I	N	T	O	N		
R	N	P	C	Y	C	L	I	S	M	E	B
P	M	A	B	T	N	Y	A	B	M	G	T	F	R
A	W	T	A	E	F	O	O	T	N	B	L	A	U
T	N	A	T	N	A	R	M	O	N	O	W	T	G
I	B	T	K	N	S	U	P	R	G	Y	E	V	B
N	A	I	P	I	R	G	I	I	C	K	F	O	Y
S	O	I	S	N	U	N	C	S	D	C	R
N	Y	I	Q	I	G	A	K	O	M
P	C	M	N	B	N	A	T

Trouver les mots: (Find the words:)

le TENNIS

le CYCLISME

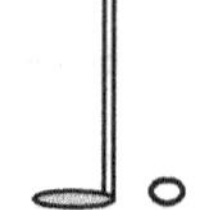
le MINI-GOLF

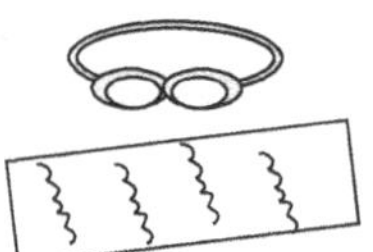
la NATATION

le BADMINTON

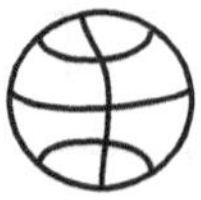

le BASKET

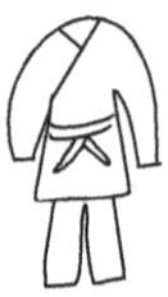

le KARATÉ

le FOOT

le RUGBY

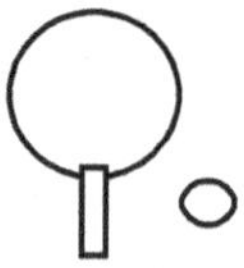

le PATIN

le PING-PONG

Le temps (the weather)

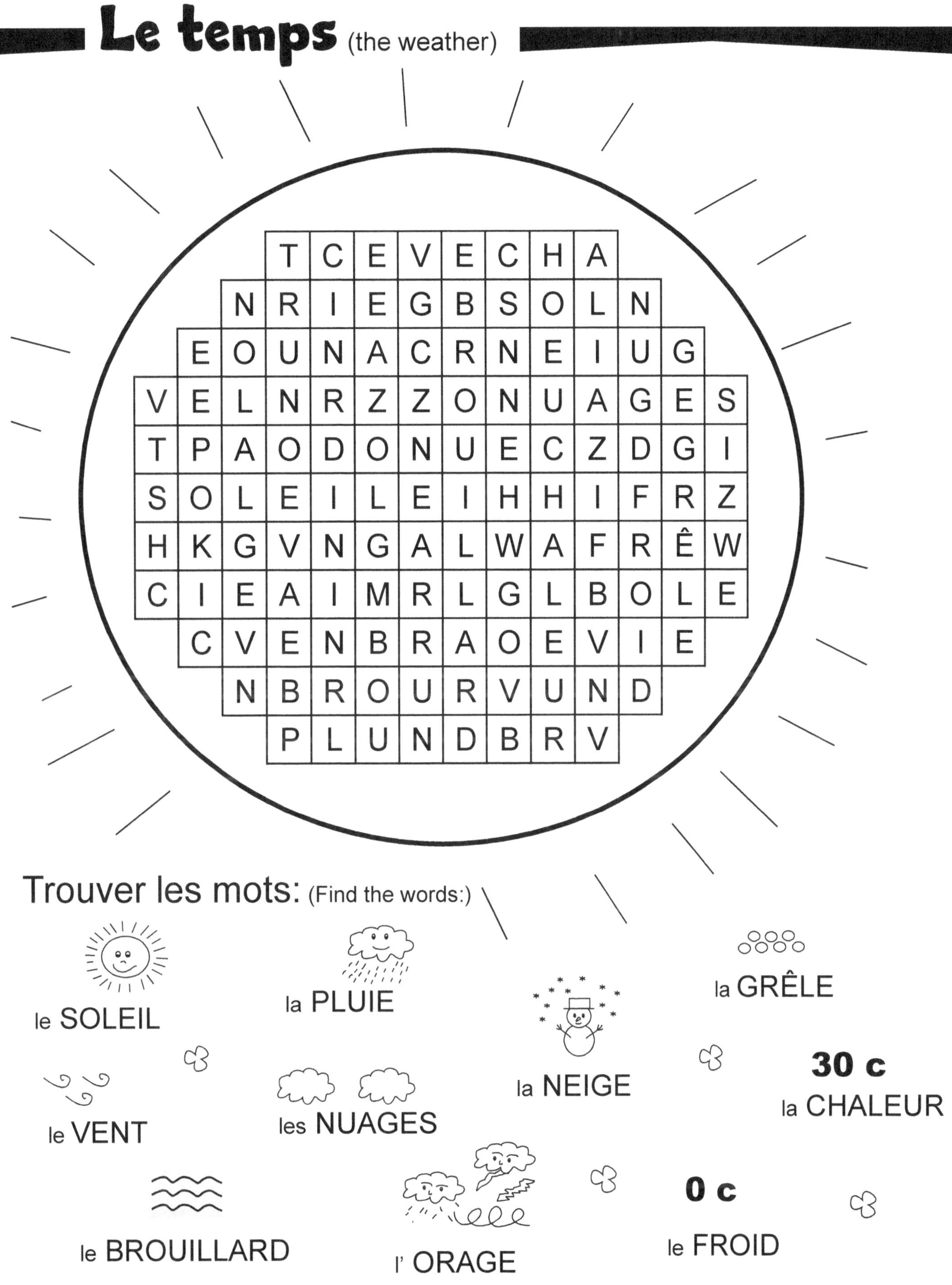

Trouver les mots: (Find the words:)

In French there are four different ways of saying our word **the** : le, l', la, les.
These words do not appear in the word searches.

La tête (the head)

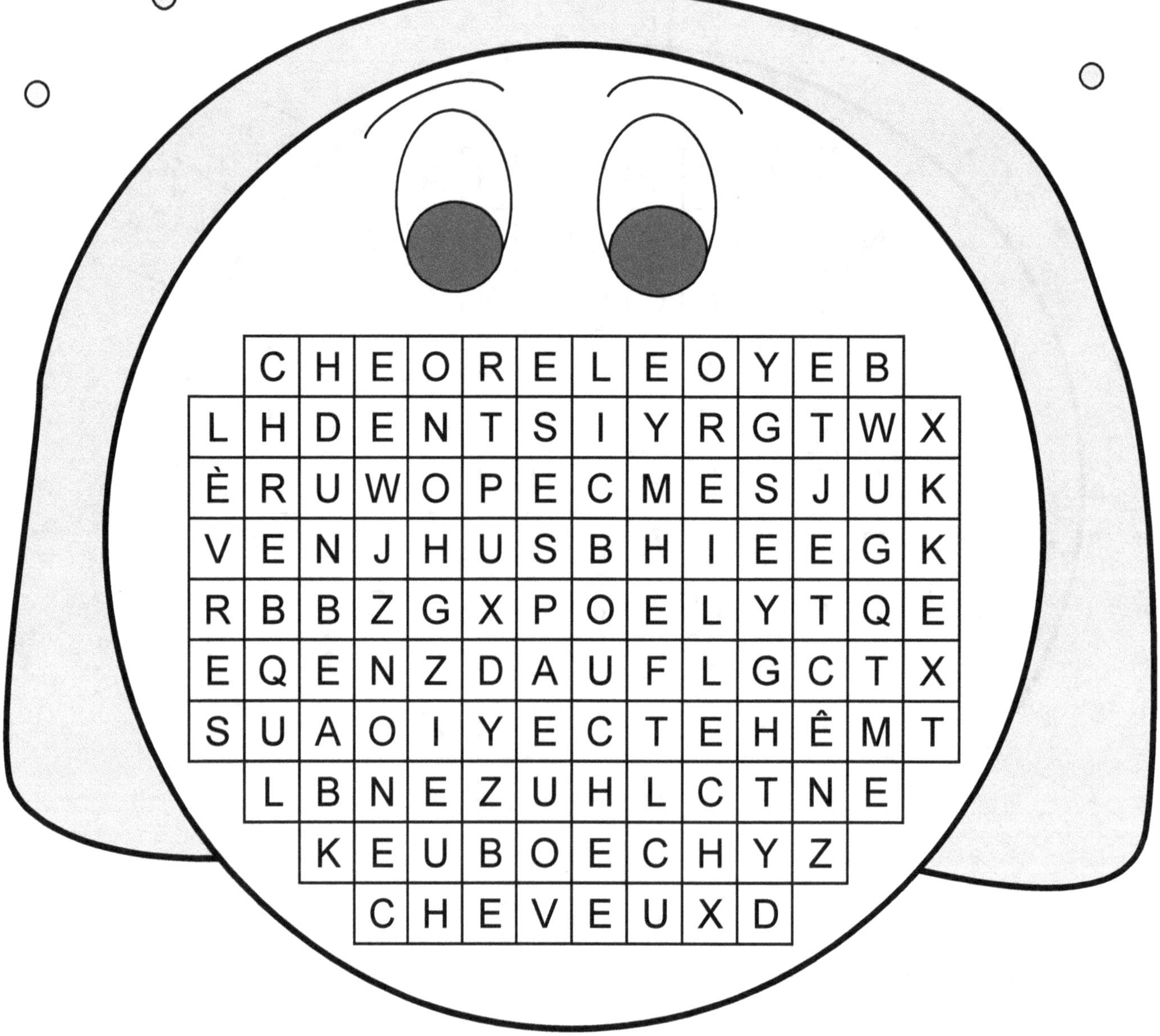

C	H	E	O	R	E	L	E	O	Y	E	B
L	H	D	E	N	T	S	I	Y	R	G	T	W	X
È	R	U	W	O	P	E	C	M	E	S	J	U	K
V	E	N	J	H	U	S	B	H	I	E	E	G	K
R	B	B	Z	G	X	P	O	E	L	Y	T	Q	E
E	Q	E	N	Z	D	A	U	F	L	G	C	T	X
S	U	A	O	I	Y	E	C	T	E	H	Ê	M	T
L	B	N	E	Z	U	H	L	C	T	N	E
	K	E	U	B	O	E	C	H	Y	Z
	C	H	E	V	E	U	X	D

Trouver les mots: (Find the words:)

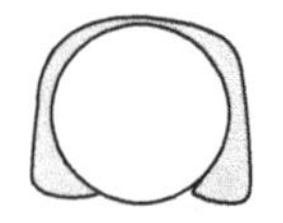

la TÊTE

les YEUX

le NEZ

l' OREILLE

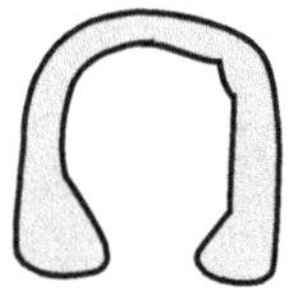

les CHEVEUX

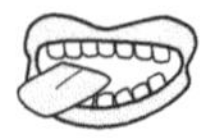

la LANGUE

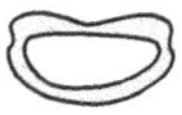

les LÈVRES

les DENTS

la BOUCHE

In French there are four different ways of saying our word **the** : le, l', la, les.
These words do not appear in the word searches.

Le transport (transport)

Trouver les mots: (Find the words:)

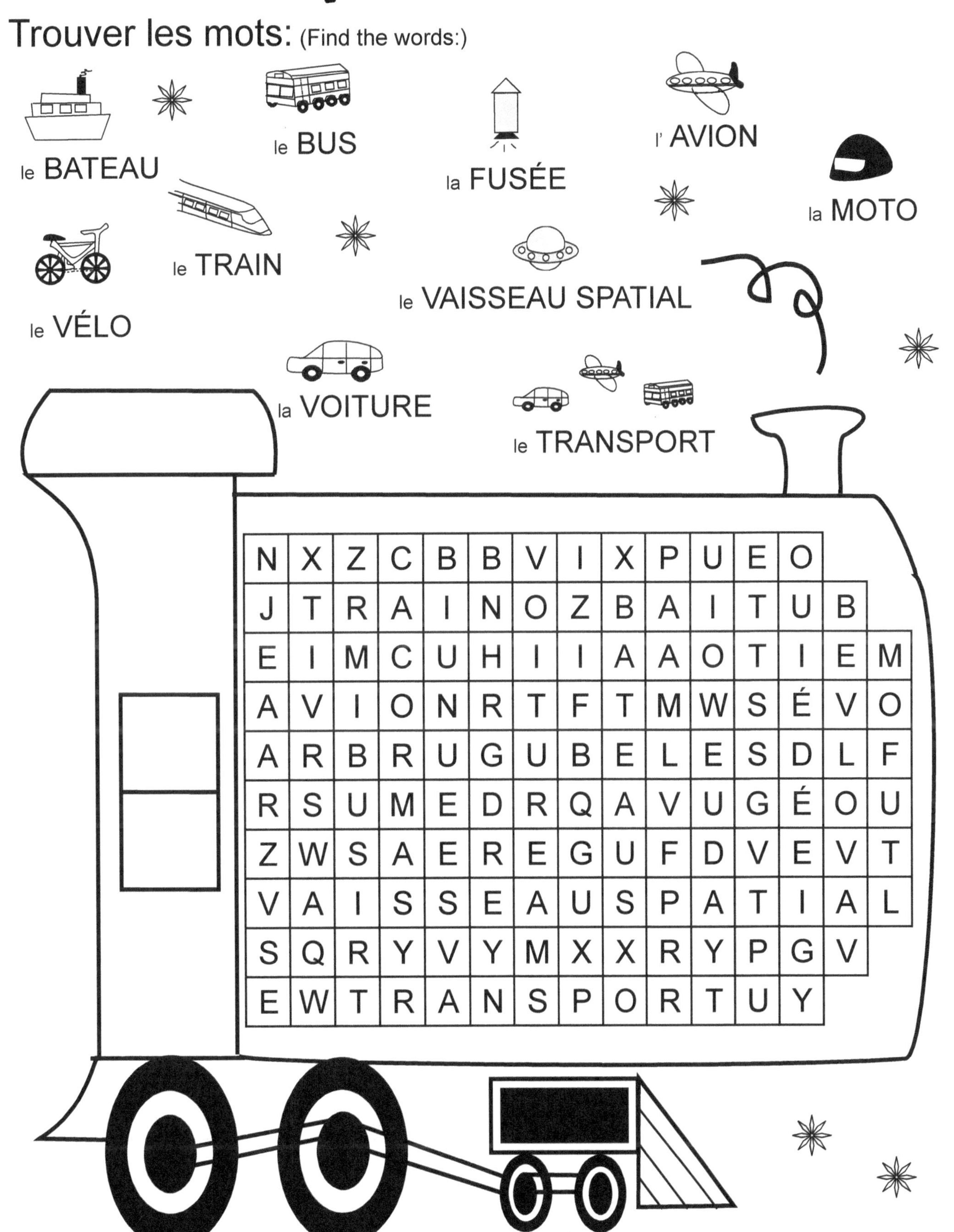

In French there are four different ways of saying our word **the** : le, l', la, les.
These words do not appear in the word searches.

La trousse (the pencil case)

Trouver les mots: (Find the words:)

la RÈGLE

le CRAYON

le TAILLE CRAYON

la GOMME

la TROUSSE

le BIC

la COLLE

les CISEAUX

les FEUTRES

les CRAYONS DE COULEUR

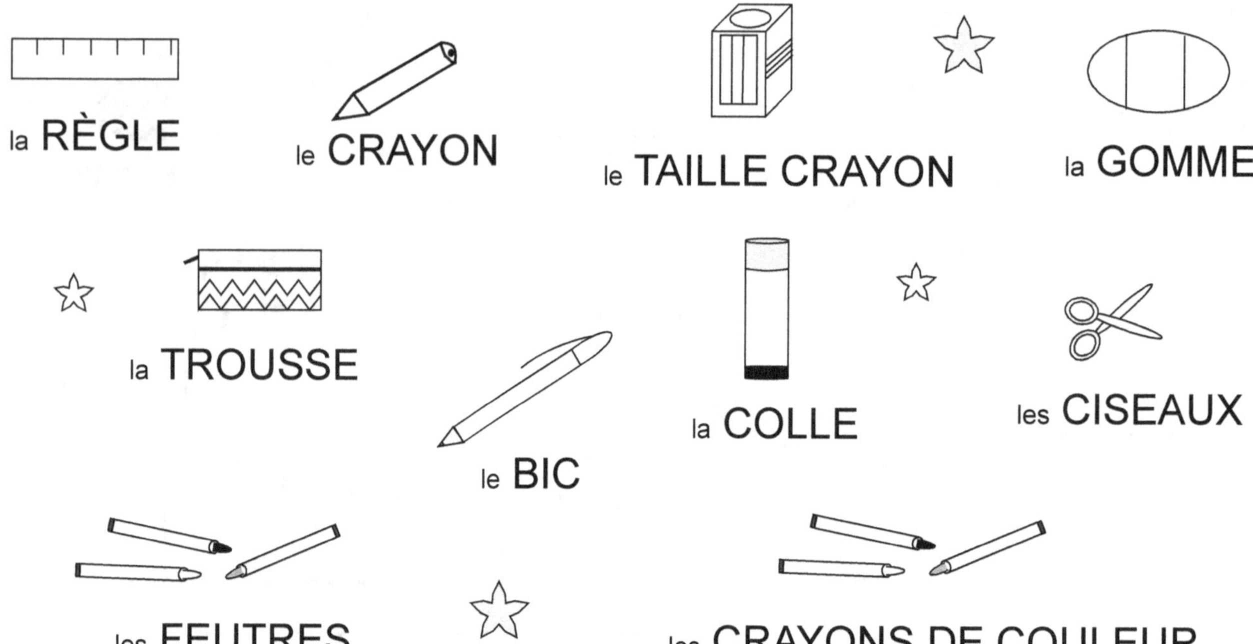

C	R	T	R	B	I	W	A	N	V	O	M	C	E	C	I	R	E
I	C	R	C	O	V	R	O	G	R	E	G	L	B	J	I	L	C
S	R	O	C	Z	A	Y	C	O	L	I	L	C	W	I	G	T	R
E	A	U	T	R	A	C	R	M	R	O	C	G	O	È	T	R	A
A	C	S	A	R	B	I	C	M	C	T	È	C	R	C	I	O	Y
U	O	S	C	T	R	O	C	E	I	R	F	E	U	T	R	E	S
X	F	E	T	A	I	L	L	E	C	R	A	Y	O	N	Y	S	B
C	R	A	Y	O	N	S	D	E	C	O	U	L	E	U	R	W	I

In French there are four different ways of saying our word **the** : le, l', la, les.
These words do not appear in the word searches.

Les verbes (verbs)

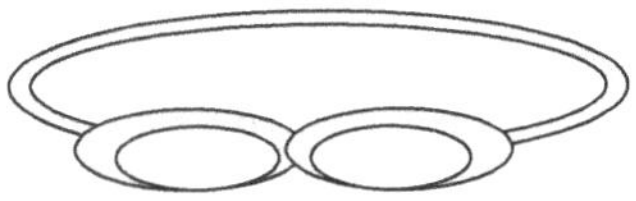

```
            C H A N T E R U
            N A D A N J M O
  P V T B O I C H A C M C H A N
L I B O C U P A R L E R N U V N
I N A G E R D R N S B P A I T G
B O I D A C U R C U I A B S C E
O L I R E R E R P A E T R I H R
I M W N G S P A E R L I R N A M R
  D Q N B V R I C U N C E N E R
  B A O I R O     H E H R U R E
  D P A R B       R A O D A B
                  J L I R
```

Trouver les mots: (Find the words:)

NAGER

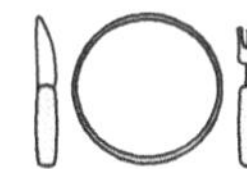

MANGER

PARLER

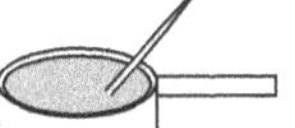

CUISINER

LIRE

CHANTER

BOIRE

PATINER

JOUER

DANSER

In French there are four different ways of saying our word **the** : le, l', la, les.
These words do not appear in the word searches.

Les vêtements (clothes)

P	A	Q	T	A	M	P	R	O	J	J	U	P	E	T	P
J	E	A	N	P	U	O	R	O	N	S	P	V	R	O	U
V	E	T	E	L	P	O	M	V	N	O	C				
R	O	B	E	O	L	L	T	H	H	V	H				
P	U	M	R	A	O	P	S	S	A	E	A				
J	E	A	T	U	P	S	H	R	B	R	U				
R	M	N	R	O	U	B	I	J	O	M	S				
S	A	J	E	J	L	U	R	Q	T	B	S				
P	V	S	P	J	L	M	T	S	T	J	E				
V	Ê	T	E	M	E	N	T	S	E	U	U				
E	A	C	H	A	U	S	H	O	S	H	R				
P	M	A	N	T	E	A	U	J	U	P	S				

Trouver les mots: (Find the words:)

le MANTEAU

le PULL

les VÊTEMENTS

les BOTTES

la JUPE

le PANTALON

le JEAN

le POLO

la ROBE

le T-SHIRT

le SHORT

les CHAUSSEURS

In French there are four different ways of saying our word **the** : le, l', la, les.
These words do not appear in the word searches.

La ville (the town / city)

SUPERMARCHÉ

P	L	A	G	E	E	R	E	S	T	S	U	Q	E	R	M
C	H	A	P	U	V	U	P	I	S	C	I	N	E	C	H
P	K	W	Q	W	A	P	C	A	S	U	É	H	M	P	Ô
R	E	N	S	E	U	A	P	E	R	F	M	A	U	C	T
C	A	E	T	B	N	R	S	U	A	P	E	R	S	M	E
B	C	Â	F	P	A	C	H	C	L	V	P	I	É	U	L
M	H	R	E	S	T	A	U	R	A	N	T	S	E	S	E
C	M	R	C	H	S	U	P	E	R	M	A	R	C	H	É

Trouver les mots: (Find the words:)

la PISCINE

le CHÂTEAU

le RESTAURANT

la PLAGE

l' HÔTEL

le PARC

le CAFÉ

la BANQUE

le SUPERMARCHÉ

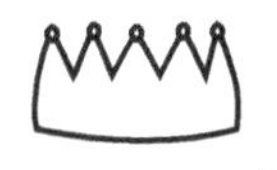

le MUSÉE

In French there are four different ways of saying our word **the** : le, l', la, les.
These words do not appear in the word searches.

Le zoo (the zoo)

T	I	S	G	T	S	É	R	P		
S	O	R	P	N	G	I	L	S	E	R
G	U	L	E	N	I	P	É	W	R	O
O	V	P	R	N	R	I	P	G	R	T
S	R	Y	O	G	A	R	H	V	O	I
S	I	N	G	E	E	P	I	H	V	F	L	A	E	Q	G
C	R	O	G	S	C	L	G	C	R	E	T	N	P	U	R
P	H	I	P	P	O	P	O	T	A	M	E	T	C	E	E
C	R	O	C	O	D	I	L	E	T	C

Trouver les mots: (Find the words:)

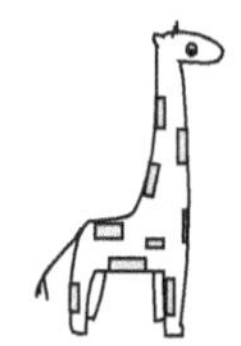

la GIRAFE

le LION

le SINGE

le PERROQUET

le SERPENT

le TIGRE

l' ÉLÉPHANT

l' OURS

l' HIPPOPOTAME

le CROCODILE

In French there are four different ways of saying our word **the** : le, l', la, les.
These words do not appear in the word searches.

French - English word lists

les animaux familiers (pets)

le chat - - - - - - - - - - - - -the cat
le poisson - - - - - - - - - - -the fish
le lapin - - - - - - - - - - - -the rabbit
le cheval - - - - - - - - - - -the horse
le chien - - - - - - - - - - -the dog
l'oiseau - - - - - - - - - - -the bird
l'hamster - - - - - - - - - - -the hamster
le serpent - - - - - - - - - -the snake
la souris - - - - - - - - - - -the mouse
la tortue- - - - - - - - - - -the tortoise

mon anniversaire (my birthday)

le gâteau - - - - - - - - - - the cake
la carte - - - - - - - - - - the card
la fête - - - - - - - - - - the party
la musique- - - - - - - - - - the music
la pizza - - - - - - - - - - the pizza
les chips - - - - - - - - - - the crisps
les bonbons - - - - - - - - - the sweets
les cadeaux - - - - - - - - - the presents
les ballons - - - - - - - - - the balloons

les boissons (drinks)

la limonade - - - - - - - - - lemonade
le coca - - - - - - - - - - - Coca-cola
l'eau - - - - - - - - - - - - water
avec gaz - - - - - - - - - - - fizzy
sans gaz - - - - - - - - - - - still
le jus d'orange - - - - - - - orange juice
le jus de pomme - - - - - - apple juice
le café - - - - - - - - - - - coffee
le té - - - - - - - - - - - tea
le lait - - - - - - - - - - - milk
grand - - - - - - - - - - - big
petit - - - - - - - - - - - - small

les cadeaux (presents)

le livre - - - - - - - - - - - the book
le parfum - - - - - - - - - - the perfume
le nounours - - - - - - - - - the teddy bear
la cravate - - - - - - - - - - the tie
l'écharpe - - - - - - - - - - the scarf
les gants - - - - - - - - - - the gloves
les chaussettes - - - - - - - the socks
les chocolats - - - - - - - - the chocolates
les biscuits - - - - - - - - - the biscuits

le camping (camping)

l'eau - - - - - - - - - - - - - -the water
la rivière- - - - - - - - - - - -the river
le supermarché - - - - - - -the supermarket
la ferme - - - - - - - - - - - -the farm
la caravane - - - - - - - - -the caravan
la tente - - - - - - - - - - -the tent
la piscine - - - - - - - - - - -the swimming pool
les douches - - - - - - - - -the showers
les toilettes - - - - - - - - -the toilets

le corps (the body)

le pied - - - - - - - - - - - - the foot
le bras - - - - - - - - - - - - the arm
le genou - - - - - - - - - - - the knee
le cou- - - - - - - - - - - - the neck
l'estomac - - - - - - - - - - the stomach
la main - - - - - - - - - - - the hand
la jambe - - - - - - - - - - the leg
la tête- - - - - - - - - - - the head
la cheville - - - - - - - - - the ankle

les couleurs (colours)

rouge - - - - - - - - - - - - red
bleu - - - - - - - - - - - - blue
vert - - - - - - - - - - - - - green
jaune - - - - - - - - - - - - yellow
noir - - - - - - - - - - - - - black
blanc - - - - - - - - - - - - white
violet- - - - - - - - - - - - - lilac
rose - - - - - - - - - - - - - pink
gris - - - - - - - - - - - - - grey
marron - - - - - - - - - - - brown
orange - - - - - - - - - - - orange

les crêpes / les galettes (pancakes)

la galette - - - - - - - - - - the savoury pancake
le fromage - - - - - - - - - the cheese
le jambon - - - - - - - - - the ham
la tomate - - - - - - - - - - the tomato
les champignons - - - - the mushrooms
la crêpe - - - - - - - - - - - the sweet pancake
le sucre - - - - - - - - - - - the sugar
le citron - - - - - - - - - - - the lemon
le chocolat - - - - - - - - - the chocolate
la crème - - - - - - - - - - the cream
les fraises - - - - - - - - - the strawberries

les desserts (desserts)

le gâteau - - - - - - - - - the cake
le fromage - - - - - - - - the cheese
la mousse au chocolat - the chocolate mousse
le yaourt - - - - - - - - - - the yoghurt
la tarte aux pommes - - the apple pie
la salade de fruits - - - - the fruit salad
les bonbons - - - - - - - the sweets
les biscuits - - - - - - - - the biscuits
les fraises - - - - - - - - the strawberries

la famille (the family)

le grand-père - - - - - - - - -the grandfather
le père - - - - - - - - - - - - - -the father
le frère - - - - - - - - - - - - - -the brother
l'oncle - - - - - - - - - - - - - -the uncle
le cousin - - - - - - - - - - -the cousin (m)
la grand-mère - - - - - - - -the grandmother
la mère - - - - - - - - - - - - -the mother
la soeur - - - - - - - - - - - -the sister
la tante - - - - - - - - - - - - -the aunty
la cousine - - - - - - - - - - -the cousin (f)

la ferme (the farm)

le cochon - - - - - - - - - - - - the pig
le coq - - - - - - - - - - - - - -the cockerel
la poule - - - - - - - - - - - - the hen
le poussin - - - - - - - - - - - the chick
le cheval - - - - - - - - - - - the horse
le canard - - - - - - - - - - - the duck
le taureau - - - - - - - - - - -the bull
la vache - - - - - - - - - - - - the cow
le mouton - - - - - - - - - - - the sheep
la ferme - - - - - - - - - - - -the farm

les fruits (the fruit)

le citron - - - - - - - - - - - - -the lemon
le melon - - - - - - - - - - - - -the melon
le kiwi - - - - - - - - - - - - - -the kiwi
la banane - - - - - - - - - -the banana
la poire - - - - - - - - - - - -the pear
l'orange - - - - - - - - - - - -the orange
la pomme - - - - - - - - - - the apple
le raisin - - - - - - - - - - - -the grapes
les fraises - - - - - - - - - - the strawberries
les cerises - - - - - - - - - - -the cherries

les glaces (ice creams)

fraise - - - - - - - - - - - - - - strawberry
citron - - - - - - - - - - - - - - lemon
café - - - - - - - - - - - - - - - coffee
coco - - - - - - - - - - - - - - - coconut
menthe - - - - - - - - - - - - - mint
vanille - - - - - - - - - - - - - vanilla
chocolat - - - - - - - - - - - chocolate
caramel - - - - - - - - - - - - caramel
banane - - - - - - - - - - - - - banana

l'hôtel (the hotel)

l'ascenseur - - - - - - - - - -the lift
le restaurant - - - - - - - - -the restaurant
la clé - - - - - - - - - - - - - -the key
la piscine - - - - - - - - - - -the swimming pool
la reception - - - - - - - - -the reception
la chambre - - - - - - - - - -the bedroom
les douches - - - - - - - - - -the showers
les escaliers - - - - - - - - -the stairs
les toilettes - - - - - - - - -the toilets

le jardin (the garden)

l'arbre - - - - - - - - - - - - -the tree
le soleil - - - - - - - - - - - -the sun
le ballon - - - - - - - - - - - the ball
l'oiseau - - - - - - - - - - - -the bird
les fruits - - - - - - - - - - -the fruit
le papillon - - - - - - - - - - the butterfly
les nuages - - - - - - - - - - -the clouds
les fleurs - - - - - - - - - - - the flowers
les légumes - - - - - - - - - -the vegetables

les jouets (toys)

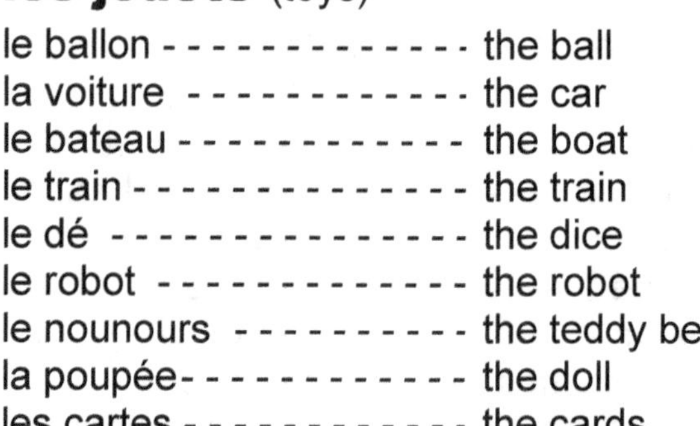

le ballon - - - - - - - - - - - - the ball
la voiture - - - - - - - - - - - the car
le bateau - - - - - - - - - - - the boat
le train - - - - - - - - - - - - the train
le dé - - - - - - - - - - - - - - the dice
le robot - - - - - - - - - - - - the robot
le nounours - - - - - - - - - the teddy bear
la poupée - - - - - - - - - - - the doll
les cartes - - - - - - - - - - - the cards

les jours (the days)

lundi — Monday
mardi — Tuesday
mercredi — Wednesday
jeudi — Thursday
vendredi — Friday
samedi — Saturday
dimanche — Sunday
le jour — the day
la semaine — the week

les légumes (the vegetables)

l'ail — the garlic
le chou — the cabbage
le poivron — the pepper
le maïs — the sweet corn
la pomme de terre — the potato
l'oignon — the onion
la carotte — the carrot
les haricots verts — the green beans
les petits pois — the peas
les champignons — the mushrooms

la maison (the house)

l'appartement — the flat
le salon — the living room
la cuisine — the kitchen
la salle à manger — the dining room
la chambre — the bedroom
la salle de bains — the bathroom
le balcon — the balcony
le garage — the garage
le jardin — the garden

les matières (the school subjects)

le français — French
le dessin — art
le sport — sport
l'anglais — English
l'histoire — history
la musique — music
la géographie — geography
l'informatique — I.T.
les sciences — science
les maths — maths

les mois (the months)

janvier — January
février — February
mars — March
avril — April
mai — May
juin — June
juillet — July
août — August
septembre — September
octobre — October
novembre — November
décembre — December

la musique (the music)

le piano — the piano
le tambour — the drum
le violon — the violin
le saxophone — the saxophone
le glockenspiel — the glockenspiel
la clarinette — the clarinet
la flûte — the flute
la guitare — the guitar
la trompette — the trumpet
la flûte à bec — the recorder

les numéros (the numbers)

un — one
deux — two
trois — three
quatre — four
cinq — five
six — six
sept — seven
huit — eight
neuf — nine
dix — ten
vingt — twenty
trente — thirty
quarante — forty
cinquante — fifty
soixante — sixty
soixante-dix — seventy
quatre-vingts — eighty
quatre-vingt-dix — ninety
cent — one hundred

Pâques (Easter)

le lapin — the rabbit
l'oeuf — the egg
le poussin — the chick
l'agneau — the lamb
le chocolat — the chocolate
le panier — the basket
la carte — the card
les fleurs — the flowers

les passe-temps (the hobbies)

le foot - - - - - - - - - - - - - -football
le patin- - - - - - - - - - - - - -skating
le cyclisme - - - - - - - - - - -cycling
le karaté- - - - - - - - - - - -karate
la danse- - - - - - - - - - - -dancing
la pêche- - - - - - - - - - - -fishing
la lecture - - - - - - - - - - -reading
la natation - - - - - - - - - swimming
la gymnastique - - - - - - -gymnastics
l'équitation - - - - - - - - - -horse riding
la cuisine - - - - - - - - - - -cooking

le petit déjeuner (the breakfast)

le pain - - - - - - - - - - - - -the bread
le croissant - - - - - - - - -the croissant
le pain au chocolat - - - -the chocolate pastry
le pain grillé - - - - - - - - -the toast
le jambon - - - - - - - - - -the ham
le fromage - - - - - - - - -the cheese
les fruits - - - - - - - - - - the fruit
la baguette - - - - - - - - -the French bread
la confiture - - - - - - - - -the jam
les céréales - - - - - - - the cereal

le pique-nique (the picnic)

le sandwich - - - - - - - - - the sandwich
le fromage - - - - - - - - - -the cheese
le jus d'orange - - - - - - -the orange juice
le gâteau - - - - - - - - - - -the cake
le yaourt - - - - - - - - - - -the yogurt
la pomme- - - - - - - - - - -the apple
la banane- - - - - - - - - - -the banana
la salade - - - - - - - - - - -the salad
les chips - - - - - - - - - - -the crips
les biscuits - - - - - - - - -the biscuits

la plage (the beach)

la mer - - - - - - - - - - - - -the sea
le château de sable- - - - -the castle
la glace - - - - - - - - - - - -the ice cream
la palmière - - - - - - - - - -the palm tree
le ballon - - - - - - - - - - - -the ball
le soleil - - - - - - - - - - - -the sun
le parasol - - - - - - - - - - -the parasol
le drapeau - - - - - - - - - -the flag
la pelle- - - - - - - - - - - - -the spade
le seau- - - - - - - - - - - - -the bucket
le sable - - - - - - - - - - - -the sand

44

le restaurant (the restaurant)

le poulet - - - - - - - - - - -the chicken
le poisson - - - - - - - - - -the fish
le porc - - - - - - - - - - - -the pork
le boeuf - - - - - - - - - - -the beef
l'agneau - - - - - - - - - - -the lamb
le riz - - - - - - - - - - - -the rice
le fromage - - - - - - - - -the cheese
la viande - - - - - - - - - -the meat
la salade - - - - - - - - - -the salad
la soupe - - - - - - - - - -the soup
les pâtes - - - - - - - - - -the pasta
les légumes - - - - - - - - -the vegetables
les pommes frites - - - - -the chips

les salutations (the greetings)

Bonjour - - - - - - - - - - - Good morning / afternoon
Bonsoir - - - - - - - - - - - Good evening
Salut - - - - - - - - - - - - Hi / Bye
merci - - - - - - - - - - - - thank you
oui - - - - - - - - - - - - - - yes
non- - - - - - - - - - - - - -no
Au revoir- - - - - - - - - - -Good bye
À demain - - - - - - - - - - See you tomorrow
À bientôt- - - - - - - - - - -See you soon
Bonne nuit - - - - - - - - - Good night

les souvenirs (the souvenirs)

le sac - - - - - - - - - - - - -the bag
le porte-monnaie - - - - - -the purse
la ceinture - - - - - - - - - -the belt
le crayon - - - - - - - - - - -the pencil
le bic - - - - - - - - - - - - -the biro
la gomme - - - - - - - - - -the rubber
le porte-feuille - - - - - - -the wallet
la serviette - - - - - - - - -the towel
le t-shirt - - - - - - - - - - -the t-shirt
les chocolats - - - - - - - -the chocolates

le sport (the sport)

le ping-pong - - - - - - - - -the ping-pong
le foot - - - - - - - - - - - - -the football
le tennis - - - - - - - - - - -the tennis
le rugby - - - - - - - - - - - -the rugby
le basket - - - - - - - - - - -the basket ball
le badminton - - - - - - - - -the badminton
le mini-golf - - - - - - - - - -the mini-golf
le cyclisme - - - - - - - - - -the cycling
le karaté- - - - - - - - - - - -the karate
le patin- - - - - - - - - - - - -the skating
la natation - - - - - - - - - -the swimming

le temps (the weather)

le soleil - - - - - - - - - - - - - - the sun
le vent - - - - - - - - - - - - - - - the wind
le brouillard - - - - - - - - - - - the fog
le froid - - - - - - - - - - - - - - - the cold
la chaleur- - - - - - - - - - - - the heat
la pluie- - - - - - - - - - - - - - - the rain
la neige - - - - - - - - - - - - - - the snow
la grêle - - - - - - - - - - - - - the hail
l'orage - - - - - - - - - - - - - - - the storm
les nuages - - - - - - - - - - - the clouds

la tête (the head)

le nez - - - - - - - - - - - - - - the nose
l'oreille- - - - - - - - - - - - - - the ear
la bouche - - - - - - - - - - - - the mouth
la langue - - - - - - - - - - - the tongue
les cheveux - - - - - - - - - - the hair
les yeux - - - - - - - - - - - - the eyes
les lèvres - - - - - - - - - - the lips
les dents - - - - - - - - - - - the teeth

le transport (the transport)

le train - - - - - - - - - - - - - - the train
la voiture - - - - - - - - - - - the car
le bateau - - - - - - - - - - - the boat
l'avion - - - - - - - - - - - - - the plane
le bus - - - - - - - - - - - - - - the bus
le vélo - - - - - - - - - - - - - the bike
la moto - - - - - - - - - - - - the motorbike
la fusée - - - - - - - - - - - - the rocket
le vaisseau spatial - - - - -the spaceship

la trousse (the pencil case)

le crayon - - - - - - - - - - - the pencil
le bic - - - - - - - - - - - - - - the biro
le taille-crayon - - - - - - - the sharpener
la colle - - - - - - - - - - - - the glue
la règle - - - - - - - - - - - - the ruler
la gomme - - - - - - - - - - - the rubber
les ciseaux - - - - - - - - - - the scissors
les feutres - - - - - - - - - - - the felt tip pens
les crayons de couleur - - the pencil crayons

les verbes (verbs)

danser - - - - - - - - - - - - - to dance
nager - - - - - - - - - - - - - - to swim
chanter - - - - - - - - - - - - - to sing
lire - - - - - - - - - - - - - - - - to read
patiner - - - - - - - - - - - - - to skate
jouer - - - - - - - - - - - - - - to play
parler - - - - - - - - - - - - - - to speak
cuisiner - - - - - - - - - - - - to cook
manger - - - - - - - - - - - - - to eat
boire - - - - - - - - - - - - - - to drink

les vêtements (the clothes)

le pull - - - - - - - - - - - - - - the jumper
le manteau - - - - - - - - - - the coat
le t-shirt - - - - - - - - - - - - the t-shirt
la jupe - - - - - - - - - - - - - the skirt
la robe - - - - - - - - - - - - - the dress
le jean - - - - - - - - - - - - - the jeans
le pantalon - - - - - - - - - - the trousers
le short - - - - - - - - - - - - the shorts
les chausseurs - - - - - - - the shoes
les bottes - - - - - - - - - - - the boots

la ville (the town/city)

le parc - - - - - - - - - - - - - -the park
le musée - - - - - - - - - - - -the museum
l'hôtel - - - - - - - - - - - - -the hotel
le supermarché - - - - - - -the supermarket
le restaurant - - - - - - - - the restaurant
le château - - - - - - - - - - the castle
le café - - - - - - - - - - - - -the cafe
la piscine - - - - - - - - - - -the swimming pool
la plage - - - - - - - - - - - -the beach
la banque - - - - - - - - - -the bank

le zoo (the zoo)

l'ours- - - - - - - - - - - - - - the bear
le perroquet - - - - - - - - - the parrot
le singe - - - - - - - - - - - - the monkey
le lion - - - - - - - - - - - - - the lion
le tigre- - - - - - - - - - - - - the tiger
l'éléphant - - - - - - - - - - the elephant
le crocodile - - - - - - - - - the crocodile
l'hippopotame - - - - - - - the hippopotamus
le serpent - - - - - - - - - - the snake
la girafe - - - - - - - - - - - - the giraffe

Answers

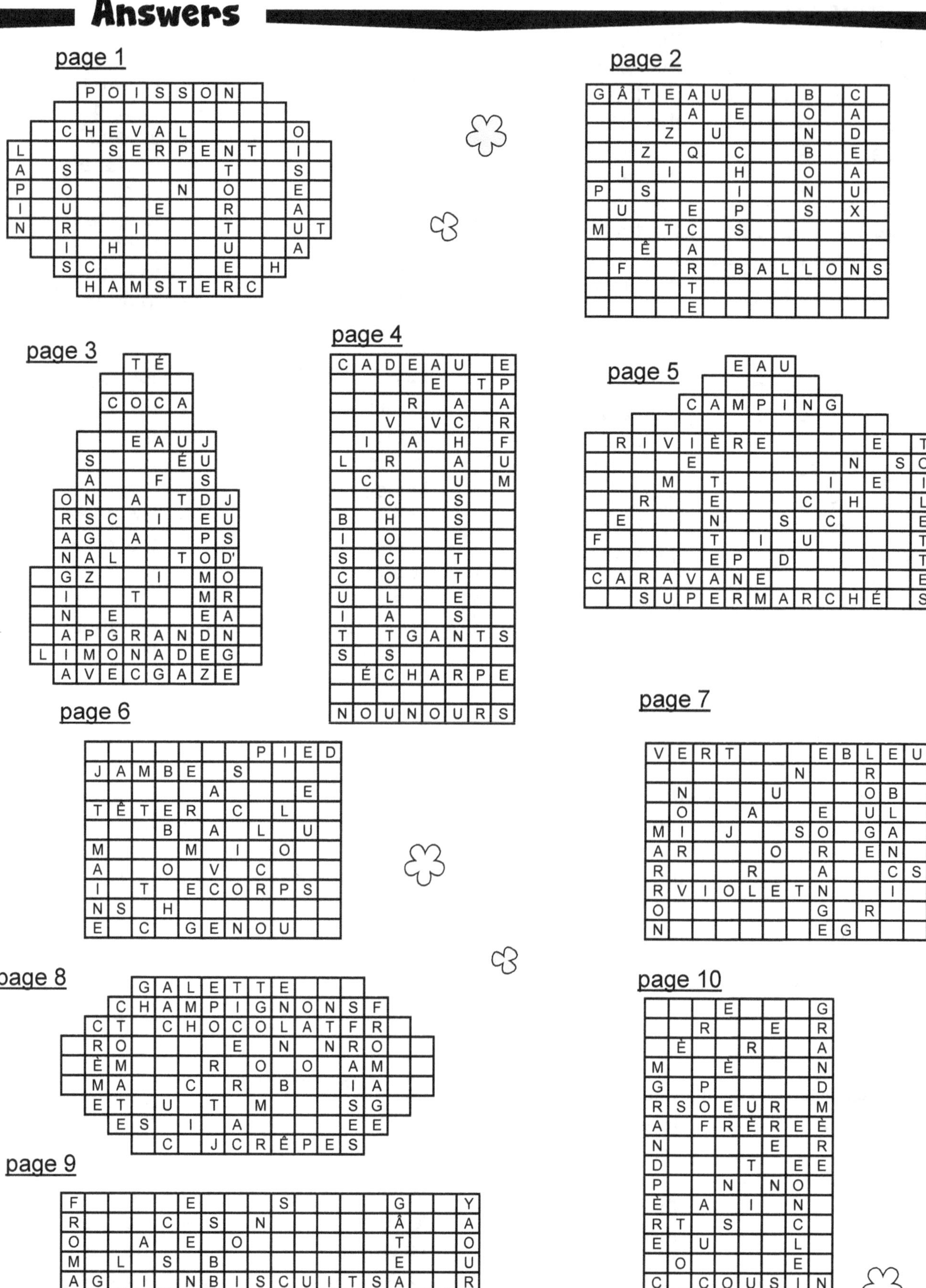

page 11

```
            T  A  U  R  E  A  U
   C  P  O  U  S  S  I  N     N     D
   O  F  C  H  E  V  A  L  O     R
   C  E  V  A  C  H  E  T     A
   C  H  R              U     N
   O  O  M           O     A
   Q  N  E           M     C  P  O  U  L  E
```

page 12

```
                  F
                  R
         P  O  I  R  E  A
         R     M     I  P
         A     E     S  O
   C     I     L     E  M
   I     S     O     S  M
   T     I     N     E  E
   R     N  B  A  N  A  N  E     E
   O                 G
   N                 N  I
   C  E  R  I  S  E  S  A     W
               R     I
            O     K
```

page 13

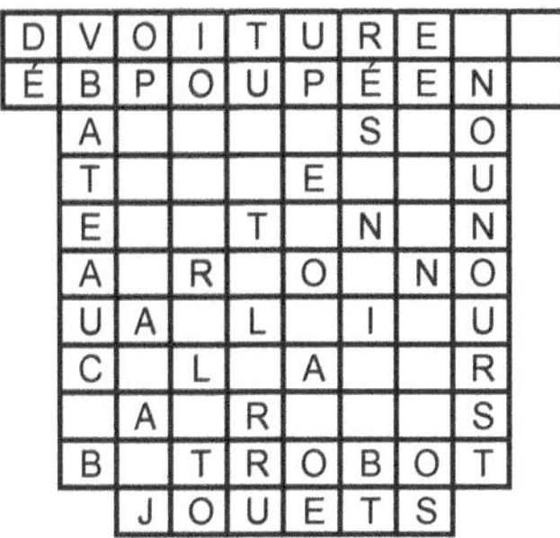

```
      C
      H  M  E  N  T  H  E
   C  O     C              O
   I  C     A        C
   T  O     R     O        É
   R  L     A     C     F
   O  A     M        A
   N  T     E     C
      L
   V  A  N  I  L  L  E

      F  R  A  I  S  E
      G
      L
      A
      C
      E
      S
```

page 14

```
A  S  C  E  N  S  E  U  R           E        R
   E  S  C  A  L  I  E  R  S  N  C     É
         S           L     I     H     C
C        E     E     C           A     E
L     H     T     S           M     P
É     C     Ô     I           B     T
   U     H     P              R     I
D  R  E  S  T  A  U  R  A  N  T  E     O
      T  O  I  L  E  T  T  E  S        N
```

page 15

```
            F  L  E  U  R  S
         F
         R     P  A  P  I  L  L  O  N
   N  U  U                    E     B
   U  I  T           L     R     A
   A  T        I     B           L
   G  S     E     R              L
   E     L     A                 O
   S   O     O  I  S  E  A  U     N
   S
      L  É  G  U  M  E  S
```

page 16

```
D  V  O  I  T  U  R  E
É  B  P  O  U  P  É  E  N
   A              S        O
   T           E        U
   E           T  N        N
   A     R     O     N  O  U
   U  A     L     A        R
   C  L     A              S
      A     R
   B     T  R  O  B  O  T
      J  O  U  E  T  S
```

page 17

```
V  E  N  D  R  E  D  I
               I
         D           D
      E              I
         M     R     M
   A        U     S     A
S     O           E     N
   J              M     C
L  U  N  D  I  A        H
                  I     E
M                 N     I
A                 E  D
R                 U
D              E
I        J
M  E  R  C  R  E  D  I
```

page 18

```
P  O  I  V  R  O  N  P
   O  I  G  N  O  N  E
   P  A  I  L     U  T
   O  H        O     I
   M  A     H     S  T
   M  R  C     Ï     S
   E  I     A        P
   D  C  M  C     C  O
   E  O     H     A  I
   T  T     A     R  S
   E  S     M     O
   R  V     P     T
   R  E     I     T
   E  R     G     E
         T     N
         S     O
               N
               S
```

page 19

```
S  A  L  L  E  D  E  B  A  I  N  S     J     C
            N     E              N  G     A     H
      O     N     N     O        A     R     A
      L     I     O     S        R     D     M
   A     S     C     I           A     I     B
S     I     L     A              G     N     R
   U     A     M                 E           E
C     B     A  P  P  A  R  T  E  M  E  N  T
         S  A  L  L  E  À  M  A  N  G  E  R
```

page 20

```
   G  É  O  G  R  A  P  H  I  E  S           M     S
H  I  S  T  O  I  R  E  S     I     S  S     U     C
         N     I     A     H     P     S     I
         I     A     Ç     T     O     I     E
      S     L     N     A           R     Q     N
   S     G     A     M                 T     U     C
   E     N     R     R  E  L  I  G  I  O  N  E     E
D     A     F  I  N  F  O  R  M  A  T  I  Q  U  E  S
```

page 21

page 22

page 23

page 24

page 25

page 26

page 27

page 28

page 29

page 30

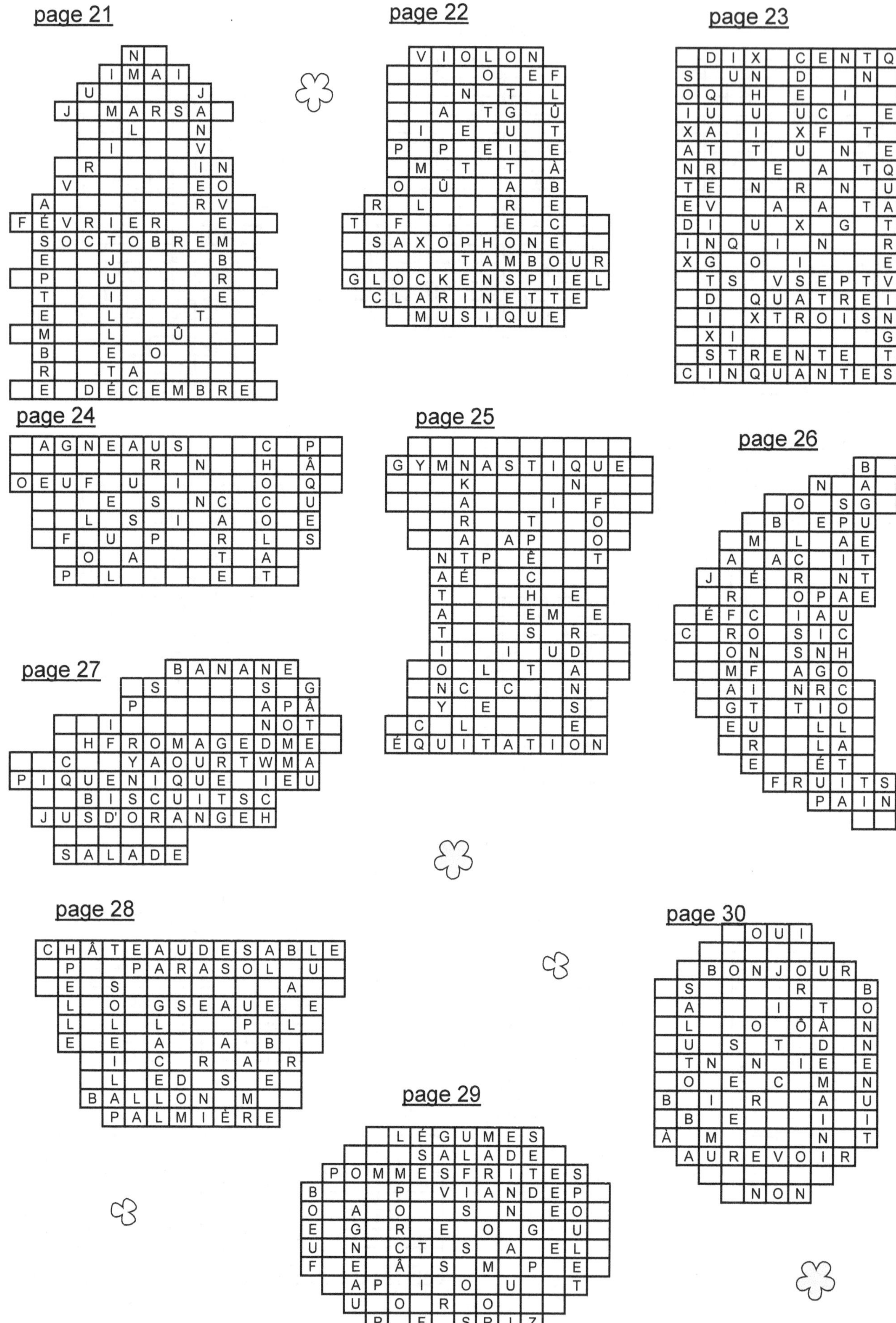

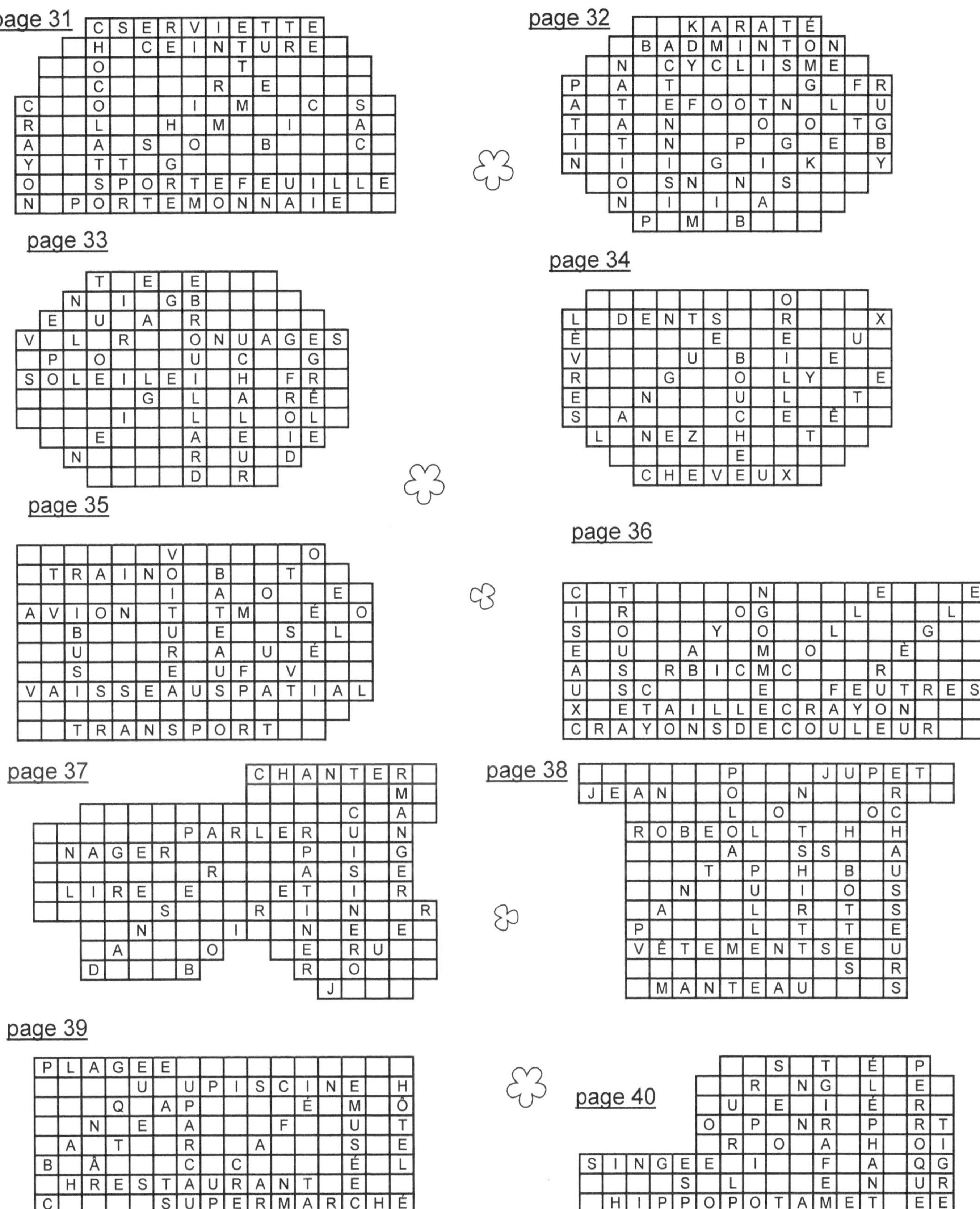

page 31

page 32

page 33

page 34

page 35

page 36

page 37

page 38

page 39

page 40

I hope you have enjoyed the fun word searches! Try to look back at the French words from time to time to help you remember them. Reviews help other readers discover my books so please consider leaving a short review on the site where the book was purchased. Thank you! Your feedback is important. Joanne Leyland

© Copyright Joanne Leyland 2020

This book may be photocopied for class or home use by the purchasing individual or institution. It may not be reproduced digitally.

There also also the following great books available by Joanne Leyland:

Cool Kids Speak French - Books 1, 2 & 3

The 6 great topics in each book start with an introductory picture page with the French words. These words are practised and then sentences are made. With 6 word searches.

French at Christmas time

Bursting with fun Christmas themed activity pages, word searches, colour by number, board games and Christmas cards to make. Photocopiable for class or home use.

Photocopiable Games For Teaching French

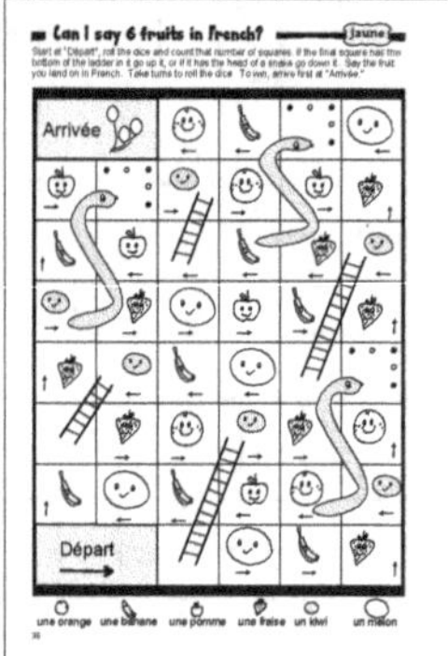

Differentiated activities for children of various abilities. The games are colour coded according to the amount of French words in each game.

First 100 Words In French Coloring Book Cool Kids Speak French

The 100 French words include a dragon, a dinosaur, some food, transport, animals, toys and clothes. The 30 delightful pages all have borders and are single sided.

French: On Holiday In France Cool Kids Speak French / French at Christmas time
French Word Games / Un Alien Sur La Terre / Tu As Un Animal? / Le Singe Qui Change De Couleur

German: Cool Kids Speak German - Books 1, 2 & 3 / Photocopiable Games For Teaching German
First 100 Words In German Coloring Book Cool Kids Speak German / German Word Games

Italian: Cool Kids Speak Italian - Books 1, 2 & 3 / On Holiday In Italy Cool Kids Speak Italian
Italian Word Games / First 100 Words In Italian Coloring Book Cool Kids Speak Italian

Spanish: Cool Kids Speak Spanish - Books 1, 2 & 3 / On Holiday In Spain Cool Kids Speak Spanish
40 Spanish Word Searches Cool Kids Speak Spanish / Photocopiable Games For Teaching Spanish

For more information about learning French and the great books by Joanne Leyland go to
https://funfrenchforkids.com

For information about learning French, Spanish, German, Italian or English as a foreign language go to
https://learnforeignwords.com